いま NFT でできること

「Web3ビジネス」を成功に導く30の事例

日経クロストレンド編集委員
吾妻拓

フリーランスライター
橋本史郎

日経BP

はじめに

　NFT（非代替性トークン）の企業活用が増えていると感じたのは2023年前半のこと。Web3やNFT関連のニュースリリースが連日のようにメールで届いていました。21年ごろに大きな話題になったNFTですが、最近では「ChatGPT」をはじめとした生成AI（人工知能）に話題をさらわれていました。しかし、先進企業はWeb3、NFTを活用する準備を着々と進めていたのです。

　本格的に取材を始めると、その企画力と面白さに圧倒されました。スタートアップから大企業まで様々な活用事例がどんどん飛び出してきます。話を聞きにいってはアポイントを入れ直す日々。「Web3、NFTのビジネス活用は、ものすごいスピードで進んでいる」——。これが実感です。

　私は、マーケティング情報のデジタルメディアである「日経クロストレンド」でNFT関連の取材を続けてきました。Web3やNFTがこれからのビジネスを変え、マーケティング環境も激変すると思っていたからです。

　本書ではそんな新しい事業をつくろうとしている企業の取り組みを紹介します。一気に取材・執筆をしたので、すべてを網羅できたわけではありません。でも、時間が限られるなか、取材に応じてくれた企業の皆さんの素晴らしいトライを知り、まとめることができました。

　Web3やNFTというキーワードが少しでも気になる方はぜひ、本書を読んでみてください。「いまNFTで何ができるのか」——NFTのビジネス活用のヒントが本当にたくさん隠れていると思います。

吾妻 拓（日経クロストレンド編集委員）

いま **NFT** で できること
Contents

NFTキャラクター「CryptoNinja」とは?

映画『トランスフォーマー／ビースト覚醒』
来場記念NFTは
2万9000超の配布

グローバルのID替わり
MetaTokyoが進めた
メタバース空間のNFT活用

12-41 ファン向け、コミュニティーに活路

人気公演は1万枚配布も
ローチケが拡大する
NFT特典付きチケット

チケット、ブックレット…
NFT活用を広げるレコチョク
新たな音楽体験の創出目指す

トークン発行型クラウドファンディングのフィナンシェ
IP創造プロジェクトで
日本発のコンテンツを世界へ

秋元康氏総合プロデュースの新アイドルグループ
IDOL3.0 PROJECTは
Web3活用で資金調達

ビクターエンタテインメントのNFT施策
「ヤングスキニー」で有料NFTも
追加プロモーションに高コスパ

フジテレビがアイドルフェスでNFT活用
TIFコミュニティ運営
3年目で見えたこと

海外のWeb3・NFTの動向は？　米リップルに聞く

企業の
NFT活用に
新たな波

1

「いまNFTでできること」
実は進んでいる企業活用

　NFT（非代替性トークン）活用の風向きが大きく変わった。米国でNFTのデジタルアート作品が高値で売れ、日本でも大きな話題となったのは2021年。国内においてもNFTを販売するマーケットプレイスが立ち上がり、デジタルアート作品を買う"コレクター"が現れた。「作品の価格が上がることを見越し、投機的な目的で買う人も多かった」と関係者は振り返る。

　購入するのに暗号資産（仮想通貨）で支払わなければいけないケースもある。買い方もよく分からない……だからこそ「NFTって何？」「なんだか怪しい」——。そんな目で見られがちだったのだろう。

一気にビジネス活用に変わった風向き

　ブームから約2年が経過した23年、企業でのNFT活用が大きく進んでいる。

　改ざんが難しく、唯一無二の価値を持つデジタルデータであるNFT。購入者が2次流通市場で売却しても、権利者に販売額の一定割合を支払うロイヤルティーを設定できるなど様々な特徴を持つ。この優れた技術を、自社ビジネスに生かそうというのだ。

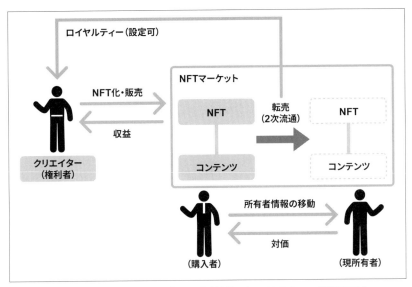

NFTは唯一無二の価値を持つデジタルデータ。2次流通でもロイヤルティーが設定できる

「NFTブームの時に活用を模索しはじめた企業が続々、ビジネス利用を進めている」。関係者はそう口をそろえる。政府がNFTを含めた「Web3」を成長戦略に据えたこともあり、大企業もWeb3、NFT活用に動き始めていた。

全日本空輸（ANA）は23年5月にNFTのマーケットプレイスを開設、移動需要を喚起するためのNFT活用を模索する。KDDIは23年3月、メタバース・Web3のプラットフォームである「αU（アルファユー）」を開始、NFTを購入するためのウォレットなども開発してWeb3ビジネスを進める。そして、飲料業界ではサントリーが23年3月に新会社を立ち上げ、Web3・NFTでの消費者との「共創」を目指している。

大きく進み始めたNFTのビジネス活用。その流れは5つに分類できる。

（1）ゲーム分野での活用

（2）IP（知的財産）での活用

（3）マーケティングでの活用

（4）ファン向け、コミュニティーでの活用

（5）社会課題解決での活用

❶ ゲーム業界にブロックチェーンゲームの波

ゲーム業界には巨大な波が押し寄せる。Web3・NFTの基盤となるブロックチェーン（分散型台帳）上で提供される「ブロックチェーンゲーム」開発の大きなうねりだ。

NFTが大きな話題となった2年前、「Play To Earn」（遊んで稼ぐ）といわれ注目されたのはベトナム企業が開発した「Axie Infinity（アクシー・インフィニティ）」。東南アジアにはゲームで稼ぐ暗号資産で生計を立てている人たちがいるという事実は、日本でも驚きを持って報道された。

そして23年、日本でも新たなブロックチェーン開発に挑むゲームメーカーが目立ちはじめている。従来型ゲームとは別に、Web3時代を見据えた新たなIPを開発しようというのだ。

この動きは大手ゲームメーカーも含め、ゲーム業界全体に広がりつつある。スクウェア・エニックスやコナミデジタルエンタテインメントといったゲーム大手は開発速度を上げる。日本発のゲーム特化型のブロックチェーン「Oasys（オアシス）」上でも多数のゲーム開発が進んでいる。

❷ 大手企業がIP創出をWeb3で

　唯一無二の価値を持ち、2次流通市場も狙えるNFTは、キャラクターなどでのIPビジネスにも最適。アニメや映像、キャラクターなどを主たる事業とする大手企業の動きも活発だ。

　東映アニメーションはNFTを購入したファンと共創するオリジナルIPの創出を進める。東宝も新たなIP開発を、グローバル展開も視野に入れ進める。約450ものIPを持つサンリオは、一部キャラクターの2次創作容認も視野に、クリエイター経済圏の拡大を狙う。

　当初、アニメやアイドルグループなどに関連したグッズの一つとして販売が始まったNFT。その特徴を生かし新たなIPを育て、新規事業の創出を狙う動きも広がる。

❸ マーケ活用、ノベルティー替わりにNFTを配布

　マーケティング領域での活用も大きく進む。NFTは所有者に追加でコンテンツを配布できるのも大きな特徴。実は、マーケティングの新たな武器になり得る。

　そこで様々なトライが始まっている。FMラジオ局のJ-WAVE（東京・港）は23年5月、アプリなどを通じて月に50時間以上J-WAVEを聴くとNFTのデジタルステッカーがもらえるサービスを始めた。NFTを持っている人をロイヤルティーの高いリスナーとして、追加施策の対象とするマーケティングも視野に入れる。

　ポイントサービス「Ponta（ポンタ）」を運営するロイヤリティ マーケ

ティング（東京・渋谷）は、ブロックチェーン事業のプレイシンク（東京・新宿）と独自のブロックチェーンを開発してNFTのマーケティング施策を進めようとしている。ポイントサービスとの連携も視野に入れながら、NFTの利用環境を構築する。

イベントなどの来場者へノベルティーのようにNFTを配り、マーケティングに使おうとの動きも広がる。NFTは自社でのID管理が不要。会員登録してもらうより簡単なマーケティングツールとしてNFTを利用するケースも増えている。

 ## ❹ NFTはファンの大事な思い出にもなる

ファン向けにデジタルコンテンツとしてのNFTを提供する動きも活発だ。これもNFTらしい使い方の一つだろう。

チケットにNFTを付けることで、ファンの満足度を高めるローソンエンタテインメント（東京・品川）。チケットそのものをNFT化できるプラットフォームを開発してNFTの活用を推進するレコチョク（東京・渋谷）。いずれもNFTは、ライブやイベントに参加した記念となる。

23年12月にデビューした秋元康氏総合プロデュースのアイドルグループ「WHITE SCORPION（ホワイト スコーピオン）」は、プロジェクト資金をWeb3で調達して誕生したグループだ。プロジェクト開始当初からグループを"推し"ている証明として記念のNFTも配った。

 ## ❺ 社会課題をNFT活用で解決したい

NFTを社会課題の解決に使おうという動きも出てきている。シヤチ

ハタ（名古屋市）と中日本高速道路（NEXCO中日本）は24年1月、高速道路の渋滞緩和につなげようとサービスエリア（SA）などでNFTを無料配布するキャンペーンを始める。

　東京電力グループの東京電力パワーグリッド（東京・千代田）は、管内約600万本の電柱の保守点検にNFTを使うためのゲーム開発を進める。シンガポールを拠点とするWeb3ベンチャーであるDigital Entertainment Assetとのタッグだ。

　NFTは自治体での利用も進んでいる。NFTアートをふるさと納税の返礼品とする自治体も増えた。地域活性化にもNFTの技術は生きる。石川県加賀市はNFTが市民証となる「e-加賀市民制度」を24年3月までに始める。23年に実施した実証実験を受けてのものだ。

66 マケプレも変化、LINEヤフーも動き出した 99

　こうしたトレンドの変化に合わせるように、国内のマーケットプレイスも変化している。NFTマーケットプレイスを21年から運営してきたSBINFT（東京・港）は「SBINFT Market」を刷新してゲーム分野への対応を強化、企業のNFT活用支援サービスも強化した。

　そしてLINEヤフーも24年1月から大きく動く。LINE Xenesis（東京・品川）が23年11月15日、22年4月から運営してきたNFTマーケットプレイスである「LINE NFT」やNFTのウォレットである「DOSI Wallet」などのNFTの関連サービスを終了すると発表した。NFT関連サービスは24年1月10日から、NFTプラットフォーム「DOSI（ドシ）」を通じて展開する。LINE NFTで購入していたNFTは、手続きをすることでリニューアルしたDOSIで利用できるようになるという。

DOSIはグループ会社の米LINE NEXTが運営するグローバルNFTプラットフォームで、22年9月からベータ版の提供を始めた。DOSIのサービス提供エリアは世界180の国と地域で、5つの言語に対応している。スポーツやアーティスト関連のNFTを扱い、個人間取引ができるサービスなどもある。

　LINEヤフーによれば、LINE NFTはサービス開始後1年半で100を超えるブランドから約34万点以上NFTが販売されて約33万回の取引があった。このサービスが新たに提供されるDOSIに統合され、グローバル化する。新DOSIでは日本のユーザーも海外のNFTを購入できるようになり、海外ユーザーとも個人間取引ができるという。NFT活用を考える企業から、新たなグローバルプラットフォームを活用した新たな事業モデルが生まれる可能性もある。

　激変するNFTのビジネス環境。将来に向けて、企業はいまどう対応すべきなのか。乗り遅れないためにどんな準備を進めるべきなのか。いま、Web3やNFTに取り組む様々な企業・自治体の取り組みは、あなたの会社の事業を拡大する今後のビジネスへの指針ともなるはずだ。　　　Ⓣ

国内ビジネス
先端事例

2

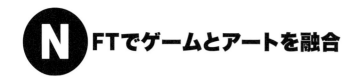

NFTでゲームとアートを融合

スクウェア・エニックスがWeb3経済圏の創出へ

「ドラゴンクエスト」や「ファイナルファンタジー」シリーズなど人気タイトルを提供するゲーム制作会社大手のスクウェア・エニックス（以下、スクエニ）は、NFT（非代替性トークン）を活用したゲームの開発に力を入れている。NFTデジタルシール「資産性ミリオンアーサー」に続き、2023年末には、NFTコレクティブアートとゲームユーティリティーを融合させた「SYMBIOGENESIS（シンビオジェネシス）」をリリースする。ユーザーにNFTを活用した2次流通を促し、Web3経済圏を創出する狙いがある。

NFTデジタルシール「資産性ミリオンアーサー」は、資産形成だけでなくポイ活（ポイント活動）需要を巻き込み、ユーザー数を増やしている
©SQUARE ENIX

　スクエニが最初に取り組んだNFTプロジェクトは、2021年10月に発売したNFTデジタルシール「資産性ミリオンアーサー」だ。LINE Xenesis（ライン ジェネシス、東京・品川）が運営するNFTマーケットプレイスである「LINE NFT※1」上で購入できる「ビックリマンシールのようなものだ」と、スクウェア・エニックスブロックチェーン・

※1 「LINE NFT」は2024年1月5日にサービス終了。以降のNFT関連サービスはグローバルNFTプラットフォーム「DOSI」にて展開される。

エンタテインメント事業部プロデューサーの渡辺優氏は語る。

■ デジタルシールを装飾しオリジナルNFTに

　同プロジェクトでは、キャラクターのイラストが描かれた「キャラクターシール」の他に、4コマ漫画の1コマを切り出した「4コママンガシール」、様々な言葉が描かれた「フレーズシール」の3種類のシールがあり、これまでに累計15万枚を販売した。基本的には1枚800円だが、数千円の特別シールを販売することもあるという。

　当初はシールを購入し収集するほか、あらかじめ用意された背景やフレームとキャラクターシールを組み合わせて、購入者だけのオリジナルデジタルシールを作成できる「プレス機能」が用意されていた。

　23年4月からは、ゲームの要素を取り入れ、より多くのカスタマイズを楽しめるようにした。ゲームコンテンツでは、5つのパートで素材集めや素材の合成を行い、NFTのカスタマイズパーツを手に入れる。既に販売されているキャラクターシールなどに装飾もでき、ユーザーは作成したシールをLINE NFT上で販売することも可能だ。

　販売した際は、売り上げを日本円で受け取るか、LINEグループが23年3月に設立した非営利団体のFinschia財団が運営する暗号資産「FINSCHIA（フィンシア）」で受け取るのかを選ぶ必要がある。「1枚4円から、高いものでは数百円で売れることもある。売り上げはLINE Payに交換でき、普段の買い物にも使える。想定していた通り『ポイ活（ポイント活動）』を目的に参加するユーザーが増えた」（渡辺氏）

　ゲームコンテンツの提供前は、NFTを保有するユーザーは3000人ほ

どだったが、リリース後は2万5000人と約8倍以上に増加した。ユーザー層は「30～40代の男性が多く、ビックリマンシールを集めた世代と重なる」と渡辺氏。NFTパーツを多く発行しすぎてしまうと、売り圧力につながってしまうので、今後は「需給のバランスをどう取るかが重要」（渡辺氏）と見ている。

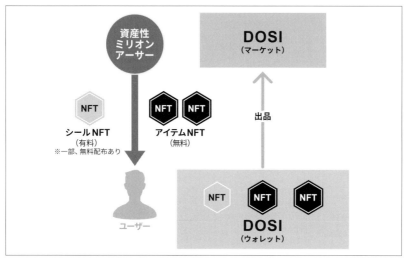

「資産性ミリオンアーサー」のビジネスモデル。LINE NFTのサービス終了後、ゲームで得たNFTはDOSI内で出品できる

■ アートの価値と物語の行く末は、NFTユーザーが決める

　新規IP（知的財産）プロジェクトも23年末に始動する。1万点のNFTコレクティブアートとゲーム要素を融合させた「SYMBIOGENESIS」だ。始動時からグローバル展開を視野に入れており、英語版と日本語版を開発した。

「物語とアートを組み合わせることで、IPに新たな価値を創出する狙いがある」。そう語るのは、同社ブロックチェーン・エンタテインメント事業部プロデューサーの玉手直之氏だ。

「SYMBIOGENESIS」は、NFTアートとゲームが融合した新規IPを使ったプロジェクト
© SQUARE ENIX

　同作の舞台は、多数のキャラクターが共生する巨大な「浮遊大陸」だ。全体の世界観をつらぬく「謎の竜を退治する」というメインストーリーは、ゲーム参加者であれば誰でも読める。そのほか、キャラクターごとに設定されたストーリーもあり、それはNFT保有者だけが読めるものだ。

　NFT保有プレーヤーは、それぞれストーリーから情報を得て、浮遊大陸に隠されたアイテムを探しながらゲームを進める。またプレーヤー同士は、コミュニティーアプリ「Discord（ディスコード）」でつながり、情報を交換する。そこでは自分だけが知る情報を公開してもいいし、公開しないという選択をしてもいい。そうした駆け引きをしながら、物語の謎を解いていくという新感覚のゲームだ。

「（コンテンツの軸となる）テーマは『独占と分配』だ。独占とは中央集権の暗喩であり、分配とは非中央集権の暗喩である。我々にとって、どちらが望ましい世界なのか、非中央集権といわれるWeb3とはどんな世

界なのかをプレーヤーと一緒に考えていきたい」（玉手氏）

　ストーリーは第1章から第6章で構成されており、第1章では500体の
NFTキャラクターを販売する。キャラクターを買うには暗号資産イー
サリアム（ETH）が必要だ。キャラクターの価格は、最初は0ETHから
スタートさせるという。欲しいキャラが競合した場合は、オークショ
ン形式で最終価格が決まる。「我々が価格を決めるのではなく、欲しい人
同士で決めてもらう」と玉手氏。

　最終的には、特定の条件を満たした3人のプレーヤーが、そのストーリー
の結末に関わる選択肢を握ることができる。「これもWeb3ならではの要素
だ。このIPは、物語自体をプレーヤーと一緒に作っていくもの」（玉手氏）

　NFTの保有者は、2次流通ガイドラインに規定された範囲内で、その
キャラクターを使ったグッズを販売するなどの商用利用も可能だ。その
際は、スクウェア・エニックスに対してのロイヤルティーも発生しない
という。その意図を、玉手氏は次のように語る。

　「これまでのビジネスとは考え方が違う。NFTを持っているというこ
とは、シンビオジェネシスの経済圏に所属してくれているということ。そ
こで流通が起き、その循環が速ければ速いほどプロジェクトがより成長
するはずだ。資金調達をしなくても回るサステナブル（持続可能）な経
済圏をつくることができるだろう。『面白いものを提供し続ける』という
我々のビジョンが達成できればいい」

■　Web3ゲームは既存ゲームの上位互換ではない

「こうした取り組みによってIP創出が順当にいくかどうかは、まだ分か

らない」（同社ブロックチェーン・エンタテインメント事業部 事業部長の畑圭輔氏）としつつも、同社はＷeb3の取り組みをさらに加速させる計画だ。ゲーム内で使える通貨のような働きをする独自トークンを発行する、新たなブロックチェーンゲームも準備中だという。

「Ｗeb3ゲームはこれまでのゲームの上位互換だと捉えられがちだが、私はそうは思わない。我々がこれまで培ってきたゲーム開発の強みを生かした上で、Ｗeb3は新しい柱になり得ると考えチャレンジしているところだ」と畑氏は説明する。NFTはアート作品などが高値で売れたことが話題となった技術。投資目的のものと見られがちで、ネガティブな見方をする人も少なくない。「法規制を順守した上で、それを払拭できるようなサービスを開発していきたい」と畑氏。スクエニはＷeb3時代に向けた準備を着々と進めている。

■NFT活用のポイント

- **「ポイ活」としてのNFT活用**
  ゲームで遊んで、カスタマイズパーツのNFTをゲットし、ポイントを獲得。「ポイ活」目的のユーザーが増加
- **NFTユーザー主導でWeb3らしさを追求**
  NFTの価格やストーリーのエンディングの決定権はユーザーが持つ。物語自体をユーザーとともに作っていく
- **NFTユーザーが参加する経済圏を創出**
  NFTキャラクターの商用利用も可能。サステナブルな経済圏の創出を目指す

（画像提供／スクウェア・エニックス）Ⓢ

KONAMIが創るWeb3経済圏

NFT活用で
ゲームの作り手側に?

　コナミデジタルエンタテインメント（以下、KONAMI）は2023年9月、Web3事業に関連する2つのプロジェクトを発表した。NFT（非代替性トークン）を活用してユーザーがゲーム制作に参加している体験を味わえる「PROJECT ZIRCON（プロジェクト・ジルコン）」と、ゲーム内でのNFTのやりとりをシームレスに体験できるNFTマーケットプレイス「リセラ」だ。Web3ならではの新しい遊びを提案し、NFTを通して、ゲーム業界を飛び越えた体験をつくりたいという狙いがある。

「PROJECT ZIRCON」は、キャラクターNFTを所有したユーザーがそのキャラの設定を決め、架空世界の創作に参加できるWeb3プロジェクト

　「PROJECT ZIRCON（以下、ジルコン）」は、ある惑星を舞台に、新作ゲームをユーザーとともに作り上げるというWeb3プロジェクトだ。企業がただサービスを提供するのではなく、DAO（分散型自律組織）の

ようなコミュニティーに集い、KONAMIの力とユーザーの力を合わせて面白いことができないかという考えからスタートしたという。

コミュニティーアプリ「Discord（ディスコード）」には、すでに1万人以上のユーザーが参加している。ディスコードに入ると、ジルコンはどういったプロジェクトなのか、どのような世界観なのかを少しずつ説明される。しかし、明かされている情報は限定的で、公開されている世界の大陸図には、いくつかの国があることが分かる程度。あくまで未完成の世界なのだ。

「現在は、ある一つの国について皆で考えるイベントを開催しているところ」と、PROJECT ZIRCONファウンダーのShiro（城石啓太）氏は明かす。例えば、「騎士の国だったら国民もビールが好きだろう。それならばビール工場を国のランドマークにしよう」といった意見が出ているという。

ユーザーから出た、こうしたアイデアをゲームの世界に取り入れていくという。「このコミュニティーに入って、みんなでアイデアを出し合うこと自体がゲーム体験になる」（城石氏）

「PROJECT ZIRCON」の世界地図。コンセプトをまとめたもので、「PROJECT ZIRCONはどんなゲームなのか？ その答えは、運営でさえわからない。」と明示している

今後、キャラクターNFTを数千体販売する計画だ。購入したNFTキャラには、名前や性格、能力などを所有者が自由に設定できる。最終的にゲームが完成した際には、そのキャラクターがゲーム内に登場することになる。「NFTを持っていなくてもディスコードに参加するなどで、プロジェクトには関われる。NFTは、メンバーシップアイテムとして、よりプロジェクトを盛り上げたいと思う動機づけになればいい」（城石氏）

■　2次創作も容認　参加する面白さを伝えたい

　ファンアートのような2次創作も容認する方針だ。世界観やストーリーはある程度KONAMI側から提供するものの、ユーザーが積極的にコンテンツを発信できるようなコミュニティー運営を模索する。権利については、どの程度オープンにするか議論中だ。「まっさらなIP（知的財産）なので、（可能性を）広げてもらう分にはむしろうれしい」と、PROJECT ZIRCONファウンダーのKuro（黒田康平）氏は語る。

　Web3ゲームは、いまだ"成功の型"というものが存在していない。そのため、別の方向性でのWeb3ゲームもいくつか企画しているという。「（様々な方向性を試した）検証の結果、既存IPとどのような組み合わせが考えられるか検討したい。ファンと一緒にプロジェクトを成長させられるのか、そしてファンに求められる商品を開発できるのかどうかが重要だ」と、web3事業部部長の金友健氏は話す。

　Web2.0のゲームでの遊びは、ユーザーにとって受動的なものが多かった。それに慣れ親しんできたユーザーに対し、Web3ならではの積極的に参加することの面白さをどう伝えるかがポイントになる。「ディスコード内では、我々が想定したような遊びを展開してくれているので、初

動としては成功だと思っている」（城石氏）

　初めての取り組みということもあって、見通しのきかない要素が多い点が課題だ。もし悪意を持ったユーザーがいた場合どうするかなど、一つひとつの課題を潰していっているところだという。「法律上の問題はすべてクリアするのが大前提だ。KONAMIの法令順守の基準は高いと思う」（黒田氏）。プロジェクトを進めていくなかで生じる問題もあるため、その都度対応していくことが求められる。

■ NFTのやりとりを シームレスに体験できる「リセラ」

　こうした開発中のWeb3ゲーム内で使用するNFTの購入や2次流通など、NFTのやりとりを手軽に行えるようにするのが、NFTマーケットプレイス「リセラ」だ。

　リセラでは、ブロックチェーンを利用する際に発生する「ガス代」（手数料）や、Web3ウォレットの準備など、煩雑な手続きを簡易化。リセラ内での売買は、日本円でのやりとりが可能で、ガス代はKONAMIが負担する。ゲーム内からの出金申請もできる。将来的には、海外の法定通貨にも対応する予定だという。

　「ゲーム内でNFTアイテムを買ったり、売ったり、貸したりする際に、なるべく自然な買い物体験ができるよう開発した。ユーザーはリセラの存在を意識せずにゲームを楽しむことができる」と金友氏は語る。

　リセラを活用できるのはゲーム内だけではない。他社のNFT関連サービスにもリセラの仕組みを取り入れることができる。「ゲームだけでな

く、あらゆる業界で使ってほしい」と金友氏は言う。

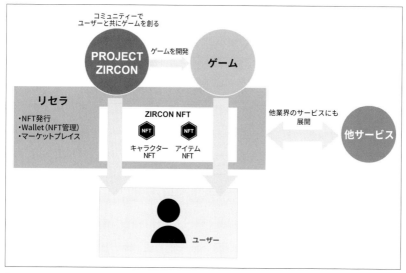

KONAMIのWeb3経済圏を表すビジネスモデル。ユーザーは「リセラ」を通すことで、普通の買い物のようにゲームなどで使用するNFTを購入することができる

　もともと金友氏は、プロモーション企画部に所属していた。そこで長らく考えていた課題は、どんなに予算をかけたプロモーションをしても、ユーザーの購買理由のトップは常に「口コミ」であるという事実だ。「NFTを活用すれば、ユーザーの貢献度（熱狂的ファンかどうかの度合い）を見える化できる。口コミを有効に使うことができれば、ファンマーケティング革命を起こせるはずだ。プロモーションの概念が変わると思っている」（金友氏）

　加えて、NFTを通してゲーム業界の垣根を越えたコラボレーションも構想している。例えば、リセラで手に入れたNFTを持っているユーザーが、飲食店で割引を受けられるなどだ。「体験の拡張性があることは重要だ。こうしたNFTが相互利用できる世界をつくることができれば、

新しい経済圏がそこに生まれると思う」と、金友氏は語る。

　社内からの期待も高い。多くの社員が興味を持っているのか、いろいろな人から話しかけられるという。「みんな新しいことに飢えているようだ」と黒田氏。「将来的にはWeb3やNFTという言葉は使われなくなるだろう。いつの間にか自然と世の中に浸透していくのだと思う。これまでのゲームはアプリの中で完結していたが、それがオープンになり、NFTによってすべてがつながっていく世界になると予想している」（黒田氏）

■NFT活用のポイント

・**コミュニティーへの参加意識を高める**
　NFTを持つことで、より積極的にコミュニティーに参加したいという意識が高まる
・**NFTのやりとりをシームレスに**
　NFTを買ったり売ったり貸したりする体験を、なるべくシームレスにする。煩雑な手続きを取り除き、通常の買い物と同様の体験を実現する
・**ファンマーケティングに活用でき、ゲームを飛び越えた体験を創出できる**
　ユーザーの貢献度を可視化し、口コミを有効利用することで、ファンマーケティングに活用できる。また、ゲームを飛び越えたキャンペーンなどの新しい体験を創出できる

（画像提供／コナミデジタルエンタテインメント）Ⓢ

Web3事業を新たな柱に

モバイルゲームで培った強みを生かすgumi

モバイルオンラインゲーム事業などを展開するgumiは、ブロックチェーンゲームの開発を加速させている。既存のIP（知的財産）から派生させた形のブロックチェーン（分散型台帳）ゲームを2作開発中だ。モバイルゲームで培ったゲームコンテンツ制作の強みを生かし、Web3領域でもその存在感を示そうとしている。

「ファントム オブ キル -オルタナティブ・イミテーション-」は、大ヒットモバイルゲーム「ファントム オブ キル」の世界観を引き継いだブロックチェーンゲーム

2007年設立のgumiは、RPG（ロールプレイングゲーム）を中心としたモバイルオンラインゲームで成功を収めてきた。同社が開発するゲームの特徴は、グローバルに展開しながら長期運営ができているところだ。シンガポールや台湾などに子会社を持つため、ワンストップで海外へのローカライズ展開ができる体制がある。また、経営陣は金融業界出身者も多く、フィンテックを含むWeb3事業への理解度、親和性が高い。

「Web3では、長期安定的なエコシステムをどうつくるかが大事になってくる。また、はじめからグローバルに展開する必要もあり、金融の知識は必須だ。我々のこれまでの知見が生かせる領域だった」と、gumi・Head of Blockchain Businessの寺村康氏。

22年12月に同社は、Web3事業に力を入れるSBIホールディングス、スクウェア・エニックス・ホールディングスと資本業務提携を結んだ上で、両社を引受先とする第三者割当増資を実施、総額70億円を調達した。両社とのシナジーを生かし、さらにWeb3領域の事業展開を加速させたい考えだ。

モバイルゲーム開発のノウハウを Web3事業に生かす

同社のブロックチェーンゲームへの取り組みは早く、18年に「My Crypto Heroes（マイクリプトヒーローズ）」を開発したdouble jump.tokyo（東京・新宿）へ投資。マイクリプトヒーローズは、ブロックチェーンゲームで世界1位のユーザー数を記録するなど大きな話題を呼んだ。

投資だけでなく、自社でも2つの新規ブロックチェーンゲームの開発に注力している。その一つが「ファントム オブ キル -オルタナティブ・イミテーション-」だ。23年内のリリースを目指しているという。

このゲームの原作は、14年にリリースされたモバイルゲームのシミュレーションRPG「ファントム オブ キル」。月間アクティブユーザー数40万人を誇った、今も多くの人に楽しまれている人気タイトルだ。今回のブロックチェーンゲームは、その世界観を引き継ぎつつ、まったく新しいゲームとして展開する。

NFT（非代替性トークン）を所有せずとも無料で遊べるWeb2.0ゲーム要素を残しながら、ユーティリティーを持たせたNFTキャラクターを用いてWeb3ゲームとしても楽しめるようにする。「キャラクターのファンにとっては、推しキャラを育て、そのNFTを自分の資産として持てる喜びが体験できる」と寺村氏は語る。

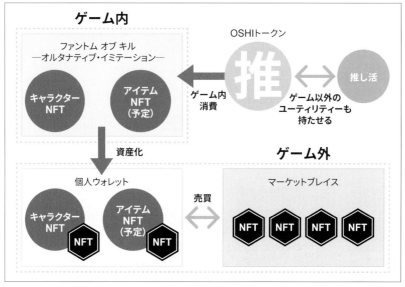

「ファントム オブ キル -オルタナティブ・イミテーション-」では、OSHIトークンを流通させる。ゆくゆくはゲーム以外の有用性も付与していく予定

　ゲーム内では、海外の数カ所の暗号資産取引所で上場している「OSHI（オシ）」トークン（暗号資産）を流通させる。「『推し活』ができるトークンという意味で命名している。ゲームはOSHIの利用先の一つであって、今後複数のコンテンツに展開していく計画だ。ゲームコンテンツだけでなく、ゲーム以外にも流動性と実用性を持たせて、『推し活』の文脈で経済圏を拡張させるトークンにしていきたい」（寺村氏）

もう一つのタイトルは、全世界合計3800万ダウンロードを突破した人気の高いIPである「ブレイブ フロンティア」のスピンオフタイトル「ブレイブ フロンティア バーサス」だ。PvP（Player versus Player）タイプのゲームとして企画、開発が進んでいる。

このタイトルもNFTを保有せずとも遊べるが、キャラクターやアイテムのNFTを購入することで、トークンが手に入ったり、マーケットプレイスで取引ができたりする。「トークンを"稼ぐ"体験は、ユーザーにとって新しい要素となり得る。どの程度のトークンを還元すれば、持続可能な設計となるのか試行錯誤している段階だ。金融政策を立てるのに近い感覚」と寺村氏は説明する。

人気IPである「ブレイブ フロンティア」のスピンオフタイトル「ブレイブ フロンティア バーサス」

■ 浸透の鍵は「キラーコンテンツ」

NFTを絡めるWeb3ゲームの開発は「金融の要素もあり、一度間違うと取り返しがつかない。そのため、何をオンチェーンにし、オフチェ

ーンにするのか、メリハリのある設計が必要だ。特に、セキュリティー面はかなり厳しく見ている」と、同社Entertainment Engineering Directorの堤氏は説明する。

gumiは上場企業としては珍しく、ゲームに特化したブロックチェーン「Oasys（オアシス）」のバリデータ（チェーン運用主体）を担うなど、複数のブロックチェーンのノード運営に参画している。そんな中で、同社がゲームで使用する「OSHI」トークンのネットワークは、イーサリアムのレイヤー2（第2層）ブロックチェーン「Polygon（ポリゴン）」を採択した。

「ユーザーの利便性を一番に考えたときに、ガス代（ブロックチェーンの手数料）が安く利用者も多い、流動性のあるポリゴンが最適だと判断した」（同社Technology Strategy Directorの森本詢氏）と理由を明かす。

技術的な側面だけではない。ブロックチェーン事業では法令、税務会計関連の調整も必要になる。寺村氏によると、弁護士、監査法人などと相談しながら、かなり慎重に進めてきたという。「セカンドオピニオン、サードオピニオンまで受け、どこまでなら可能なのか、非常に難しい議論を専門家とも重ねた上で判断している」（寺村氏）

こうした取り組みを通して、ブロックチェーン事業をモバイルゲームの次の収益の柱へと成長させたいと考えているgumi。しかし、マスアダプション（一般への浸透）には、時間を要するとも見ている。

「投機的なイメージがあるNFTに、否定的な感情を持つユーザーは少なくない。心理的なハードルを超えて、『どうしてもこのゲームがやりた

い』と思わせるキラーコンテンツを出せるかどうかが鍵になってくるだろう」と寺村氏。人気IPでブロックチェーンゲームに挑むgumiが、ブロックチェーン事業のパイオニアになろうとしている。

■NFT活用のポイント

- **グローバル展開、長期安定運営、金融知識の強みを生かす**

  モバイルオンラインゲームで培った強みである、グローバル展開、長期安定的なエコシステムの構築、金融知識をWeb3事業に生かす

- **NFTユーザーへのトークン（暗号資産）還元率を設計**

  持続可能なゲームにするために、NFTユーザーにどの程度トークンを還元するか、金融政策を立てるのに近い設計が求められる

- **Web3事業ならではの困難をどう乗り越えるか**

  ブロックチェーンの採用基準、ゲーム設計の難しさ、コンプライアンス（法令順守）など、Web3事業ならではの困難を乗り越える必要がある

（画像提供／gumi）Ⓢ

巨大顧客基盤の活用で
ブロックチェーンゲーム普及へ

　GMOメディアが運営するソーシャルゲームプラットフォーム「ゲソてんbyGMO」が、ブロックチェーンゲームへの参画を表明した。ブロックチェーンはゲーム特化型の「Oasys（オアシス）」を採用し、独自のレイヤー2を構築する。月間アクティブユーザー数360万人という巨大な顧客基盤を生かし、ブロックチェーンゲームのマスアダプション（一般への普及）を目指す。

GESO Verseは、Web2.0とWeb3のいいとこどりを目指す。「UNIVERSAL STALLION」は初期タイトルの一つ

　GMOインターネットグループのGMOメディアは、インターネットメディア事業を展開し、広告による収益を柱とする企業だ。同社は2012年7月より、ソーシャルゲームプラットフォーム「ゲソてん byGMO（以

下、ゲソてん）」を運営している。

パズルなどの簡単なゲームから、RPGといった本格的なものまで数多くのゲームを提供しており、基本的に無料でプレーできる。月間アクティブユーザーは、よりカジュアルなゲームを集めたプラットフォーム「かんたんゲームボックスbyGMO」と合わせて、360万人にも及ぶ。

GMOメディアは、楽天ポイントモールの「ゲームステーション」やPontaポイントがたまる「PontaゲームスPro」など別会社のポータルサイトも運営している。ゲソてんは、これらポータルサイトと連携しており、マルチにつながるネットワーク構造を構築しているのが大きな特徴だ。そのため、ユーザーはゲームで遊びながら、楽天ポイントやPontaポイントなどをためることができる。「これまでも、ある種のPlay To Earn（遊んで稼ぐ）環境をつくって運用してきた」と話すのはGMOメディアコンテンツ事業部部長の佐藤真氏だ。

■ 独自チェーンの開発でユーザーの負担を軽減

同社は23年12月、ゲソてんと連携したブロックチェーンゲームのプラットフォーム「GESO Verse」をリリースした。ゲソてんのユーザーは、アカウント連携することで、同じIDでそのままブロックチェーンゲームを遊べるようになるという。

「ソーシャルゲーム市場も、海外資本の参入などにより競争が激化するなか、成長に陰りが見えてきた。オーストラリアFind Satoshi Labの『STEPN（ステップン）』や、ベトナムSky Mavisの『Axie Infinity（アクシー・インフィニティ）』など、アジア・オセアニアを中心にWeb3ゲームへ注目が集まっているのを見て、新たな成長市場として期待でき

ると考えた」。佐藤氏は参入理由をこう説明する。

　インフラとなるブロックチェーンは、ゲーム特化型の「Oasys」を採択した。Oasysは階層構造になっており、その2層目（レイヤー2）にはVerse（ヴァース）という独自のチェーンを開発・構築する。これにより処理速度の向上が期待でき、ガス代（ブロックチェーンの手数料）も、ユーザーが負担することなく遊ぶことができるようになるという。「Oasysには、大手も含め有力なゲーム制作会社が参画している。ゲームプラットフォーマーとして、我々のプラットフォームにもブロックチェーンゲームを今後誘致していきたいと考えている」（佐藤氏）

■　Web2.5でハードルを下げる

　初期タイトルとして提供されるのは、3つ。自分だけの競走馬を育てられる競馬ゲーム「UNIVERSAL STALLION」、もともとWeb2.0の育成ソーシャルゲームとして人気だったものにNFTが獲得できる要素を組み込んだ「ゲゲゲの鬼太郎〜妖怪横丁〜」、そして「AI（人工知能）＋共創」をコンセプトに、旅行をテーマにした育成型放置ゲーム「YOLO FOX Game」だ。この3つのタイトルは、24年初頭の提供を予定している。

「我々のように、既に大きな顧客基盤を持つプラットフォームがOasysと接続するのは、今回が初めてになる。この強みをブロックチェーンゲームのマーケティングなどに活用してもらい、普及の一翼を担えれば」（佐藤氏）

　ブロックチェーンゲームといっても、これまで通り無料で遊ぶこともできる。NFTアイテムなどを買いたくなったり、Oasysトークン（OAS）

を受け取りたくなったりしたら、ユーザーはウォレットを作ることでそれらが可能になる。

Web2.0ゲームでも人気の「ゲゲゲの鬼太郎～妖怪横丁～」に、NFTが獲得できる要素を組み込むことで、ユーザーに新しい体験価値を付与する

　つまり、Web2.0とWeb3の橋渡しになるような遊び方ができるのだ。「NFTを持っていると、Oasysトークンや連携している各種ポイントの還元率を上げるなど、Web3ならではの新しい遊びの要素が追加されるイメージ」と語る佐藤氏。

　将来的には、自身が保有するNFTアイテムを、ユーザー同士で売買したり交換したりできるようになるという。「GESO Verseの利用で、初めてNFTやトークンを持つという人も出てくるだろう。Web3のマスアダプションを推進する上でも、我々の役割は大きいと感じている」(佐藤氏)と言う。

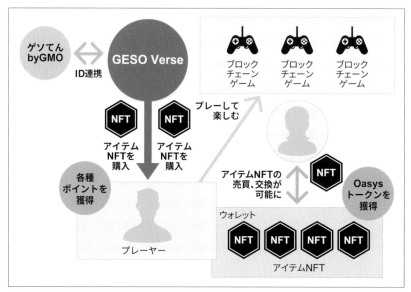

GESO Verseでは、ゲソてんと同じIDを利用できる。既存ゲームにNFTを組み込んだものもあるので、Web2.5的な世界を楽しむことができる

NFTと触れる機会を創出　目指すは10万人

　これまでのブロックチェーンゲームには稼ぐ事に軸を置いたゲームも存在した。「Oasysをきっかけとしてこれまで以上に面白さを重視したタイトルが増えてくるのではないか」と佐藤氏は期待する。

　しかし、ブロックチェーンゲーム市場の拡大には課題も多い。いまだビジネスモデルが確立していないため、多額の費用をかけてまでブロックチェーンゲームを開発しようとする企業は少ない。また、ブロックチェーンゲームに既存の有力なIPを活用することにも、多くの企業が慎重になっている。

「（ゲソてんの）月間アクティブユーザー約360万の中から、まずは10万人にブロックチェーンゲームを楽しんでもらうことを目指す。それが実現できれば変化につながると思う」と意気込む佐藤氏。ブロックチェーンゲームとして"稼ぐ"以外の新しい体験を、どう提供できるかが目標達成の鍵となりそうだ。

■NFT活用のポイント

- **月間アクティブユーザー360万人を持つプラットフォームの強み**
  プラットフォーム上に多くのブロックチェーンゲームを掲載でき、Web3になじみのないユーザーの利用を促進できる
- **Web2.0とWeb3のハイブリッドであるWeb2.5の世界**
  Web2.0ゲームのように無料で遊ぶこともできるが、Web3ならではの新しい遊び方も体験できる
- **NFT活用で新しい体験を提供**
  NFTを持つことで、Oasysトークンや各種ポイントの還元率を上げたり、他のユーザーとNFTアイテムを売買、交換したりするなどの新しい体験を提供する

（画像提供／GMOメディア）Ⓢ

行版プレー権をNFT保有者へ

ドリコムの
ブロックチェーンゲーム

　ゲームやメディア事業を展開するドリコムが、ブロックチェーン（分散型台帳）ゲーム「Eternal Crypt - Wizardry BC -（エターナルクリプト ウィザードリィビーシー）」の開発を進めている。プロジェクト初期にNFT（非代替性トークン）を発行し、それを購入した人は先行リリース版をプレーできる特典が付く。同社はNFTを活用した新たなゲーム開発手法に、手応えを感じているという。

1981年に米国で発売されたRPGの原点ともいわれる「Wizardry」を、ブロックチェーンゲームとしてアレンジした

　ドリコムは、自社が持つ「Wizardry（ウィザードリィ）」のIP（知的財産）を活用したブロックチェーンゲームEternal Crypt - Wizardry BC -を開発中だ。同タイトルは、ゲームの正式配信前にNFTコレクシ

ョン「Adventurer Genesis Collection」を発売して話題となった。このNFTを持っていると、先行リリース版をプレーする権利を得る。

NFTの発行上限個数を1万個とし、1個500ドル（約7万5000円）に設定。プロジェクトの初期段階で新規にNFTを販売する「INO（Initial NFT Offering）」という形式が取られ、暗号資産取引所コインチェックが2023年8月から始めた「Coincheck INO」の第1号案件として販売された。

「この価格で売れるのか、という懐疑的な声が聞こえるなか、2300個、およそ1億5000万円分のNFTが売れた。発行上限個数に達しなかったものの、残りの7700個はBurn（削除）した。ユーザーにとっては希少性が出て価値が高まるメリットがある」（ドリコムの内藤裕紀社長）

■ エンターテインメントとしてのブロックチェーンゲーム

同作は、クリックだけでプレーできる「クリッカーゲーム」と呼ばれるもので、ダンジョンの奥深くへと探索していくゲームだ。クリックのみの簡単な操作でありながら中毒性があり、パーティー編成などにおいては高い戦略性が求められる。

「ブロックチェーンゲームは仕組み自体が難しいので、プレーを難しくしてしまうとユーザーのハードルが上がってしまう。今回のゲームは、最初は簡単だが、進むにつれて奥深さが出るような設計にしている」（内藤氏）と言う。

敵を倒しながらダンジョンを進んでいく。敵に勝つと報酬がもらえる

　23年10月から、NFTを持つユーザー限定の先行プレーが始まった。ゲームでは、ゲーム内通貨としての役割を果たすトークン（暗号資産）「Blood Crystal（ブラッドクリスタル）」を獲得できる。「現状ではまだブロックチェーンとひも付けていない。正式配信の際にブロックチェーン上に配備することで、暗号資産として使えるようになる」と、今回のゲームでエグゼクティブプロデューサーを務めるQueen Okeir氏は説明する。

　正式配信の時期は未定だが、配信後はNFTを持っていなくても無料で遊べるようにする。ただ、先行プレーしたユーザーは、すでにBlood Crystalを持っているので、より有利にゲームを進められるという。

　ブロックチェーンは「Polygon（ポリゴン）」を選択した。その理由を、「ブロックチェーンゲームでは、ガス代（手数料）の安いポリゴンは有力な選択肢の一つになりつつある。『人口』の多い、広く普及しているチェーンであることが重要だ」と内藤氏は説明する。

　上場企業としてブロックチェーンゲームを開発するには、様々な課題もあった。「法的なリスクを検証しようにも、そもそも項目が何なのか分からないところからスタートした。前例がないためその作業にかなりの時間がかかった」（Queen Okeir氏）。経理上の課題をクリアするために、「トークンの発行は海外企業とパートナーと組んでいる」と内藤氏。暗号資産の扱いには監査法人も慎重だった。

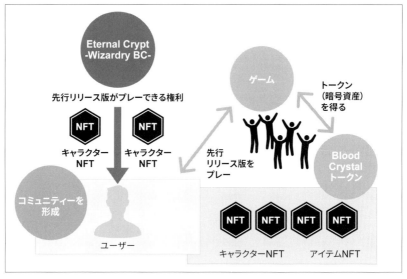

NFTを購入することで先行版プレー権が得られるという特典で、クラウドファンディングのように正式配信前にファンを獲得できる

NFTを活用し、コミットメントの高いコミュニティーをつくる

　同社がブロックチェーンゲームに取り組むのは、デジタルエンターテインメントコンテンツ全体に、2次流通市場をつくりたいという思いがあるからだ。「リアルでは、漫画、ゲーム、CDなど2次流通市場がすでに存在する。（デジタル市場では）アイテムとしてのNFTやゲーム内通貨としてのトークンをうまく設計することで、2次流通市場をつくっていけるという仮説を持っている」と内藤氏は語る。

　こうしたNFTプロジェクトで同社が重視するのが、コミュニティーの存在だ。ドリコムは23年3月に、NFTを活用したゲーム「GGGGG（ジージージージージー）」をリリースし、キャラクターの姿を着せ替えできるNFTスキンを無料配布した。

　その結果、NFT所有者は、ゲームの継続率や課金額、課金率などすべてのKPI（重要業績評価指標）が、NFTを持っていないユーザーよりも圧倒的に高かったという。「会社のストックオプションを持っている人と同じような感覚で、NFTホルダーは、ゲームプロジェクトの運営者としての目線も持ってコミュニティーに所属してくれている」（内藤氏）

　今後は、ゲームに限らないNFTの活用も視野に入れる。INOによるコミュニティー形成の手法にも、大きな可能性を感じているという。INOと似た手法に、クラウドファンディングがあるが、ストックオプションのような役割を果たすNFTであれば、よりコミットメントの高いコミュニティーをつくることができると推測される。「今回の手法は、アニメや映画など、また違った事例に置き換えていくことが可能だと思う」と内藤氏は語る。

NFT利用の間口を広げるため、23年9月下旬に、NTTドコモの「dアカウント」との連係、NTTドコモの子会社であるNTT Digital（NTTデジタル、東京・千代田）のウォレットと接続する取り組みを開始すると発表。24年から「dアカウント」でのログイン認証を提供する予定だ。

「このプロジェクトは、小さなヒットを目指すものではない。ホームランを狙う」と内藤氏は意気込む。今までブロックチェーンゲームをやったことがないユーザーの取り込みにも期待がかかる。

「日本企業のブロックチェーンゲーム開発には、海外からの注目も高まっている。WizardryのIPで結果を出した後は、様々なIPホルダーと一緒にブロックチェーンゲームをつくっていきたい」と内藤氏。モバイルゲーム市場が成熟化した今、新しい市場を求めて多くのゲーム企業が動き出している。

■NFT活用のポイント

・**INOによるコミュニティー形成**
　プロジェクトの初期段階にNFTコレクションを販売することで、正式リリース前からコミュニティーを形成できる

・**NFTを売買できるデジタルコンテンツの２次流通市場をつくる**
　２次流通市場があることで、ユーザーはよりデジタルコンテンツを買いやすくなる

・**NFTにユーティリティーを与える**
　NFTがストックオプションのような役割を果たし、よりコミットメントの高いコミュニティーをつくることができる

（画像提供／ドリコム）**Ｓ**

PROJECT XENO

eスポーツとしての
ブロックチェーンゲームを目指す

　ブロックチェーン（分散型台帳）ゲームの先駆的なタイトルの一つとして注目を集めているのが、インターネットサービス事業クルーズの子会社であるCROOZ Blockchain Lab（東京・渋谷）が2023年5月にリリースした「PROJECT XENO」（プロジェクト ゼノ、以下XENO）だ。ゲームの面白さもさることながら、NFTと2つのトークンを使って新たな楽しみ方を構築したのがその理由だ。また、対戦ゲームの特性を生かし、eスポーツとしても世界進出を狙う。

　XENOは、PvP（Player versus Player）と呼ばれる人と人が対戦するバトルゲームだ。NFTを購入しなくても無料で遊べる。NFTと無料のキャラクターに強さの違いはなく、どちらも共存して、まったく同じように遊べるのが大きな特徴だ。Web2.0とWeb3の両方のユーザーを取り込む「Web2.5」のようなアプローチをとる。

XENOはeスポーツとしても世界進出を狙う

　「ブロックチェーンゲームはまだ始まったばかり。圧倒的な市場規模を持つ、既存ユーザーを取り込むことが重要だった」と語るのは、CROOZ Blockchain Lab代表取締役の古瀬祥一氏。eスポーツとしても成立する

ゲーム性を追求したのも、世界進出を狙いながら、長く愛されるゲームにするため。「eスポーツ市場は、世界でかなりの勢いで伸びている。競技性を持たせることで、10年、20年と継続できるものを目指した」（古瀬氏）

23年10月には、アンバサダーを務める人気ユーチューバーのヒカル氏の名前を冠したeスポーツ大会「ヒカルカップ」を開催した。総額2000万円の賞金がかかった大会で、優勝者は1000万円を獲得するなど、大いに盛り上がった。23年11月にはフィリピンでもeスポーツ大会を開催し、予選を含めて1万人が参加したという。

また、中東エリアにも注目する。サウジアラビアはeスポーツに力を入れており、23年10月、ムハンマド皇太子がeスポーツのワールドカップを立ち上げると発表した。「そのワールドカップの一種目として参加できる規模を目指したい」（古瀬氏）

■ ユーザーと共にゲームを面白くする ブロックチェーンゲーム独特の体験

ゲームが注目されている理由はもう一つある。NFTと2つのトークンを使って新たな楽しみ方を構築したからだ。

キャラクターや武器などのアイテムに関するNFTは、自社で提供するNFTマーケットプレイスで購入できる。クレジットカードに対応し、NFT購入のハードルを下げることを強く意識した。

XENOでは、「GXE」と「UXE」という2つのトークン（暗号資産）を発行する。

「GXE」はプロジェクトの方向性を決める権利を持つガバナンストークンとして機能している。GXEは国内の暗号資産取引所に上場しており購入もできる。GXEを多く持つ上位10名のユーザーには、ゲームのバランス調整などのミーティングに参加してもらっている。ユーザーが提案した機能を実装したことで、運営側の予想以上の効果を発揮した例もあるという。ユーザーと共にゲームを面白くする体験自体がブロックチェーンゲーム独特のものと言えそうだ。

「GXEは会員制度のようなものだ。本当にゲームを楽しんでくれている熱量の高いファンが多い」と古瀬氏。将来的には、GXEをeスポーツに特化したトークンとして、他のゲームでも展開していく構想だという。

UXEはゲーム内通貨の「Uコイン」と交換できる暗号資産だ。Uコインはキャラクターの育成やアイテムの購入などに使える。ゲームのアプリストアの課金でもUコインを購入してゲームを楽しめる一方で、NFTキャラクターを持っているプレーヤーなら、対戦に勝利した場合にも獲得できる。

こうして長くプレーを続けるとUコインがたまっていくが、NFTキャラクターを持ち、対戦で勝利したときに配布されるUコインだけがUXEに交換できる。ここにブロックチェーンゲームの「Play To Earn」（遊んで稼ぐ）の要素が隠れている。キャラクターとアイテムも含めたNFTの売り上げの一部を還元することで実現している仕組みで「広告宣伝費を払っているだけという感覚」と古瀬氏。NFTの保有者数は右肩上がりに伸びており、NFTを持っているユーザーの方が、ゲームの継続率も高いという。

UXEは日本国内の暗号資産取引所では扱っておらず、UXEを取引す

るには海外の取引所を使うしかない。この点は課題の一つだが、UXEは価値の変動が少ないため今後も国内の取引所には上場しない方針だ。

　XENOはeスポーツ化を目指すゲームの面白さと、2つのトークンを活用してゲームコミュニティーの活性化を狙う。ゲームとNFTを組み合わせることで熱量の高いコミュニティーを形成するXENO。今後もユーザーと共に、さらに面白いゲームを目指して改善していく計画だ。

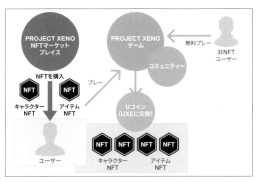

XENOはNFTを持っていなくても遊べるようにした。NFTを持っていることでプレーの熱量も高まる

■NFT活用のポイント

・Web2.0とWeb3の両ユーザーを取り込むWeb2.5のアプローチ
圧倒的に市場規模の大きいWeb2.0ユーザーを取り込み、ブロックチェーンゲームへの橋渡しをする

・NFTと2つのトークンを組み合わせた新たな楽しみ方
NFTキャラクターの勝利でトークンを還元する、新たな楽しみ方を構築

・熱量の高いコミュニティーを形成
熱量の高いコミュニティー形成に成功。ユーザーの提案でゲームの面白さが増した例も

（画像提供／CROOZ Blockchain Lab）**S**

日本発で世界のスタンダードを目指す

ゲーム特化型ブロックチェーン「Oasys（オアシス）」

　日本で生まれたゲーム特化型のパブリックブロックチェーン（分散型台帳）「Oasys（オアシス）」。初期バリデータ（チェーン運用主体）として、バンダイナムコ研究所やセガといった大手ゲーム会社が参画するなど、国内のゲーム業界を巻き込む形で、2022年2月に立ち上がったプロジェクトだ。その後も、国内外の多くの企業が参画を表明し、その存在感を高めている。Oasysは、これからどんな世界をつくろうとしているのか。Oasys Representative Directorの松原亮氏に話を聞いた。

「Oasys（オアシス）」は、日本で生まれたゲーム特化型のパブリックブロックチェーンとして注目されている

Question ゲーム特化型のブロックチェーンで実現できることは何でしょうか。

　ゲーム内のキャラクターやアイテムをNFT（非代替性トークン）化することで、もともと流動性がなかったものに流動性を与えることができます。NFTを売ったり、買ったり、貸したりすることができるように

なり、それが新しいユーザー体験につながるのです。Oasysはその基盤です。一般的なブロックチェーンを普通のパソコンだとすると、Oasysは「ファミリーコンピュータ」のようなゲームのための基盤と捉えてもらえると分かりやすいと思います。

Question Oasysプロジェクトが立ちがった経緯を教えてください。

　ブロックチェーンゲーム会社のdouble jump.tokyo（東京・新宿）が、18年にリリースしたブロックチェーンゲーム「My Crypto Heroes（マイクリプトヒーローズ）」は、イーサリアムブロックチェーン上のアプリでトップになるほどの人気を集めました。しかし、同じブロックチェーン上にDeFi（ディーファイ）と呼ばれる金融アプリケーションが登場すると、取引量が多くなり、ガス代（ブロックチェーンの手数料）が高騰してしまったのです。さらには混線によって取引に時間がかかるようになり、ゲームでは非常に使いづらくなってしまいました。

　そこで、汎用ブロックチェーンではなく、ゲーム専用のブロックチェーンが必要だという考えに至り、立ち上がったのがOasysです。最初のバリデータには、バンダイナムコ研究所やセガなど、日本を代表する大手ゲーム会社が参画してくれました。現在では、KDDIやソフトバンクなど、ゲーム会社以外の企業も多数参画しています。海外からも、韓国で創設された世界的ゲーム会社「ネクソン」、欧州最大手「UBISOFT（ユービーアイソフト）」なども参画しており、世界への足がかりを固めているところです。

Question 現在の日本のブロックチェーンゲーム業界の状況をどのように見ていますか。

これまで日本は、ゲームの世界で覇権をとったことが2回あります。ビデオゲーム機とガラケー時代のモバイルゲームです。今の状況はそれに近いと思っています。ゲーム市場として規模も大きく、世界各国がWeb3への規制を強化するなか、政府が後押しすることで、多様な業種から大手企業の参入が促進され独自のエコシステムが形成されてきている日本こそが、ブロックチェーンゲーム市場として有望だと世界中のゲーム会社が見ているのです。

Question 今後、どのようなタイトルがOasys上でリリースされる予定でしょうか。

　セガから「三国志大戦」のIP（知的財産）のライセンス許諾を受けて、double jump.tokyoが開発する「Battle of Three Kingdom」をリリース準備中です。三国志の武将がNFTとなり、プレーヤーが頭脳戦を繰り広げるゲームです。Eureka Entertainmentが開発している「コインムスメ」にも期待しています。暗号資産（仮想通貨）を擬人化したキャラクターNFTを使いながら、通貨の騰落率を予想し競い合うゲームです。

　ほかにも海外のゲーム会社も含め、23年末から24年にかけて多くのタイトルのリリースが予定されています。

セガから「三国志大戦」IPのライセンス許諾を受けて、double jump.tokyoが開発する「Battle of Three Kingdom」

レッドオーシャン化したモバイルゲーム
NFTで新しい遊び方を提案する

Question ゲームでNFTを活用するメリットを教えてください。

NFTのキャラクターやアイテムは資産として売り買いができます。もしそのタイトルの運用が終わったとしても、引退する時に売っておけば次のゲームに参加する資金とすることもできます。

ゲーム会社のメリットは、Web3という新しいフロンティアでチャレンジができることです。モバイルオンラインゲームは、すでにレッドオーシャン化しており、多額の開発費をかけてもヒットを出すのが難しい状況になっています。各企業、新しい遊び方を提案し、Web3市場で確かなポジションを得たいという狙いがあるでしょう。

Question NFTを扱うとなると、ユーザーは暗号資産ウォレットを持つ必要があります。

一般の人にウォレットといっても難しく感じてしまうかもしれません。そこで、誰でもウォレットを簡単に作れる「Oasys Passport」がdouble jump.tokyoからリリースされました。

しかし将来的には、ユーザーがウォレットを意識しなくても使えるようにしたいと考えています。例えば、サービスのアカウントにひも付いたウォレットを裏で自動的に作れば、ユーザーはNFTなどのデジタルアイテムを自然な流れで持てるようになるでしょう。大手携帯キャリアも、自社でウォレットを開発し普及させようとしています。入り口はどこでもいいと思っています。

Question Oasysの優位性はどこにあるのでしょうか。

3つあります。1つは、まずゲーム特化であること。他のアプリに邪魔されることなく、ゲームをスムーズに遊んでもらえます。次が、後発でありながら、ゲーム業界のブランドで信頼が形成されていること。そして3つ目が、UXを改善していることです。ブロックチェーンの基本層である「レイヤー1」と、スマートコントラクトなどのトランザクション処理を実行する「レイヤー2」という2層構造にすることよって、ガス代と取引速度の問題を解決しました。ただ、この構造自体は、今後コモディティー化していくと見ています。

ブロックチェーンとは、不可逆なタイムスタンプ付き公開データベースです。私たちは、情熱をもってゲームをプレーしたその証をブロックチェーンに残せることへの価値を非常に重視しています。ゲームサービスはいつか終わってしまいます。しかし自分が頑張ってプレーした記録が残っていれば、月日が経てばたつほどその価値が増してくるでしょう。こうした意義あるデータを記録するチェーンとして、存在感を示していきたいと思っています。

23年11月時点で開発
中の「コインムスメ」
のキービジュアル

公共財としてのブロックチェーン DAOでの運営を目指す

Question 今後の活動として、何が重要になってくるのでしょうか。

　Oasys上に、人とお金、コンテンツをしっかりと集めることが重要です。Oasysの暗号資産「OAS」は、現在、国内の3つの暗号資産取引所に上場しています。今後もなるべく多くの人に手に取ってもらえる場所を増やしていきたいです。とはいえ、OASを使って何をするのかが一番大事です。コンテンツが集まりやすい環境も整えていきたいと考えています。

Question 今後の展望を聞かせてください。

　我々は、多くの人が使う公共財のようなものを目指しており、利益追求型で運営していません。ブロックチェーンの運営をしていてつくづく思うのは、国の運営に非常に似ているということです。それゆえに、あまりPL（損益）で見ていないのです。

　戦後まもなくの日本もそうでしたが、途上国は、まず通貨の価値を上げようとします。また、世界の国々は、輸出型で外からお金を稼ごうとしたり、内需を活発化させようとしたりしますよね。それと同じように我々も、OASの価値を上げ、ゲームによる外部経済圏からの資金流入や内需活性化などに努めているところです。

　22年の立ち上げから6年後の28年末までに、現在の株式会社は解散し、DAO（分散型自律組織）によってのみ運営する形を目指しています。

（画像提供／Oasys）Ⓢ

ファンの声を徹底的に聞く

東映アニメーションの
グローバルIP開発戦略

　東映アニメーションがNFT（非代替性トークン）を活用した新たな
IP（知的財産）創出に取り組んでいる。「電殿神伝-DenDekaDen-
（でんでかでん）」は、NFTを購入したファンと共創するオリジナルIP
だ。ユーザーファーストで、ファンの声をIP開発に生かしている。

「電殿神伝-DenDekaDen-」は、NFTを購入したファンと創り上げていくオリジナルIP
© DenDekaDen

　アニメ制作会社の東映アニメーションが新たなIP創出を目指して立ち
上げたのが、NFTプロジェクト「電殿神伝-DenDekaDen-」。このプロ
ジェクトでは、7人のキャラクターが精霊から神へと進化していく壮
大なストーリーが展開されるという。「今はまだ卵のようなものしか届け
ていない。これから我々とファンが一緒になって構築していく作品にな

る」と語るのは、東映アニメーション営業推進部デジタルプロダクト推進室長兼プロデューサーの植野良太郎氏だ。

　プロジェクトが始動したのは、2023年1月。おみくじの付いたNFTを無料で777個配布した。「大吉」のNFTは、2次流通市場では高値で取引されたという。そして23年6月には、7777個のNFTアートを販売した。このNFTは、SNSなどのプロフィル画像に使うために作られたPFP（Profile Picture）。電殿神伝の世界観に合わせたデザインで、一つひとつが異なるものだ。NFTマーケットプレイス「OpenSea（オープンシー）」で、0.07ETH（イーサ、日本円で約2万円）で出品したところ、ほんの数時間で完売した。

　人気漫画などのIPを活用したアニメーションを手がける同社だが、事業の核にライセンス事業を据えているため、次の柱となるオリジナルIPの開発が急がれるという課題は常にある。また、創業から60年以上の歴史の中で、まだ海外には知られていないIPも多くあり、それをグローバルに広めたいという思いもあった。「この2つのミッションの達成をNFTでやってみたいと思った」（植野氏）

■　NFT購入者がつくる「電殿神伝」の世界

　コミュニティーアプリ「Discord（ディスコード）」上には、NFTの所有者だけが入れるスレッドがあり、活発なコミュニケーションが交わされている。運営側もオンライン、オフライン問わず、ユーザーと積極的に交流しているという。英語や中国語など、多言語対応する専門チームもつくった。「NFTを持っていることで、より深く電殿神伝の世界を感じてもらえると思う」（植野氏）

NFTの発行や運用などの技術的な部分は、東京と米ニューヨークに拠点を置く国際的なクリエイティブ・テクノロジー・スタジオであるStrata（東京・渋谷）と協業して進める。「彼らとは、NFTでひともうけしようということではなく、とにかく面白いことをやろうという考えで共感できた。5年後、10年後と、電殿神伝がIPとして確立していく世界を一緒に見たい」（植野氏）

電殿神伝の精霊の一人「MEGNA」。精霊たちはそれぞれX（旧Twitter）のアカウントを持っており交流することもできる
© DenDekaDen

今後は「NFTという言葉を知っているけれど、まだ買ったことはないという層を取り込みたい」と植野氏。より一般のユーザーへのプロモーションを強化する。7人のキャラクターのうち1人であるMEGNAをVTuber（バーチャルユーチューバー）としてデビューさせてアピールする計画だ。

東映アニメーションが生み出すIPだけに、アニメ化も目指すという。「今やっているのは、その原案づくりという認識だ。ゆくゆくは、企業からコラボ商品やグッズの制作依頼が寄せられるくらいまで認知度を上げていきたい」（植野氏）

■ グローバルをターゲットにしコミュニティーと共にIPを育てる

電殿神伝は、海外でも認知度の高いNFTマーケットプレイスの「OpenSea」で、暗号資産であるイーサリアムを通貨としてNFTを販売した。これは、最初からグローバルをターゲットにしていることを意味する。実際、日本のIPへの期待は高く、海外からの購入者のほうが多かったという。「海外の人がイメージする日本を想定し、近未来のバーチャルな京都を舞台にしたのもそうした背景からだ」（植野氏）

オリジナルIPを育てるには、相当な時間が必要だ。目先の利益に惑わされることなく、「長期的に戦略を立てて進めていくべきだ」と植野氏は言う。そうしたなかで何よりも重視するのは、ユーザーであるファンの声だ。

電殿神伝 - DenDekaDen - は海外の人がイメージする日本を想定し、近未来のバーチャルな京都を
舞台にした
© DenDekaDen

「自分たちがやりたいことよりも、ファンの意見を重視している。せっ
かくファンの声を聞ける場があるのに、それを無視して進めるわけには
いかない。我々の動きも常に開示しているので、もし間違った方向に進
んでいる場合は、ファンが反応して教えてくれるだろう。とことんファ
ンの声を聞くことが重要だと思う」（植野氏）

　NFTを所有するファンのコミュニティーと共創しながら、オリジナ
ルIPを育てていくという今回の取り組みは、Web3時代の新たな手法と
して今後広がっていく可能性がある。ファンと企業の新しい関係性が生
まれようとしている。

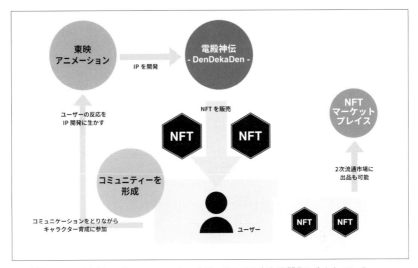

電殿神伝はNFT所有者のコミュニティーをつくり、そこでの声をIP開発に生かしている

■NFT活用のポイント

・NFTを所有するファンの声を重視する

ファンが集うコミュニティーの声を丁寧に聞きながら、オリジナルIPを共に育てる

・目先の利益にとらわれない長期的な視点を持つ

IPを育てるには時間が必要。目先の利益にとらわれず長期的な戦略を立てて育成を進める

・初めからグローバルをターゲットにする

グローバルをターゲットにする場合は、OpenSeaなどの海外でも知られたNFTマーケットプレイスを選び販売する

（画像提供／東映アニメーション） Ⓢ

Web3起点でオリジナルIPを創出

東宝が狙うグローバルな
ファンコミュニティー形成

　東宝がNFT（非代替性トークン）を活用したオリジナルIP（知的財産）の創出に挑戦している。これまでは、出版社からIPを借りてアニメや映画を制作してきたが、それでは自由度が低い。オリジナルIPを創出し、Web3の技術を活用することで、世界的なファンコミュニティーをつくっていきたいという。

「Mofu Mofu Music Caravan（モフモフミュージックキャラバン）」は、東宝がWeb3を前提に創出した新規IPだ © Mofu Mofu Music Caravan

　映画、演劇などを制作、配給するビジネスを展開する東宝。「これまで

は、出版社やテレビ局からIPを借りて映画やアニメを作ってきたが、それだけでは（ファン獲得や売り上げの）上限が見えてしまう」と、東宝エンタテインメントユニット開発チームプロデューサーの栢木（かやき）琢也氏は現状のビジネスで感じる課題を挙げる。

　既にファンが一定数いて、ある程度の売り上げも見込める他社のIPだが、自社で作成するオリジナルIPと比べると少なからず制約があり自由度は低い。近年、東宝はアニメの企画開発に力を注いでおり、オリジナルIPの開発も検討。せっかく開発するのであれば、Web3技術であるNFTを活用したいと栢木氏は考えた。

　「Mofu Mofu Music Caravan（モフモフミュージックキャラバン）」は、同社が開発したオリジナルIPだ。「Mofu World（モフワールド）」に暮らす「モーファルト」「モフトーベン」「滝モフ太郎」の3人がアーティストとして活動するという、音楽をテーマにした世界観だ。

Mofu Mofu Music Caravanの
ロゴは、気球が印象的
© Mofu Mofu Music Caravan

「ストーリー構築やキャラクターデザイン、楽曲制作には、かなり名の知れたクリエイターに参加してもらっている。Animation Music Band（アニメ内で登場する3キャラクター）をファンとともに成長させていくのは、とても『Web3的』だ」と栢木氏は語る。

■ ブルーチップNFTを目指し 国境のないコミュニティーをつくる

　オリジナルIPを作る上で、栢木氏が意識したことが2つある。1つ目は、国境という概念が存在しないWeb3で世界展開を見据えた新しいファンコミュニティーづくりにチャレンジすること。

　日本の有名なキャラクターIPは、海外では非常に人気が高い。しかし、Web3領域では様々な制限がかかる場合が多い。「そのためNFTを発行しても、ただのデジタルグッズになってしまっているのが現状。そうなると、NFTにしなくてよかったのではという話になる」（栢木氏）

23年7月に開催されたWebXのサイドイベントで披露された「Mofu Mofu Music Caravan」

そのような理由もあり、Web3での活用を想定した日本発の新しいオリジナルIPは、海外からの注目も熱い。23年4月に米国ニューヨークで開催されたNFTカンファレンス「NFT.NYC 2023」には、日本から唯一ブースを出店。23年7月には東京で開催されたWeb3国際カンファレンス「WebX」のサイドイベントでも披露。「そこでも『Mofu Mofu Music Caravan』は幅広く関心を集めた」（栢木氏）

同社は今後、提供予定のコンテンツに対し、様々な特典や権利、機能などを発揮するMofu Mofu Music CaravanのキャラクターNFTを販売する計画を立てている。

収益性や成長性が高い優良なNFTを「ブルーチップNFT（BlueChip NFT）」と呼ぶ。これを目指すには、魅力的な有用性と上質なコミュニティー運営が必須だ。東宝はまずこのキャラクターNFTを、ブルーチップNFTに育てたい考えだ。

「今、NFT市場はかなり落ち込んでいるが、ブルーチップNFTのプロジェクトの価格・価値は一定で維持できている。運営チームがいい仕事をし、力のあるコミュニティーを持つプロジェクトが残っている」（栢木氏）

海外に向けての発信、国境を越えたコミュニティーづくりにおいて、海外に強いパートナーとも連携している。開発メンバーの一人である虞 臻（ユ ジェン）氏は、中国のSNSプラットフォーム「SaltSweeet」（東京・渋谷）の代表取締役でもある。同社は、日本のエンターテインメント文化をSNSを通じて中国など世界へ発信し、海外進出のサポートをしている。SNSアカウントには100万人のフォロワーがおり、中国向けのプロモーションで、日本の音楽アーティストのNFTを短時間で完売さ

せた実績がある。

　社名は非公表だが、海外の著名Web3企業とも連携している。「彼らは、NFTのコミュニティーづくりの難しさをよく知っている。世界に進出する際には、こうしたノウハウも生かしていきたい」（虞氏）

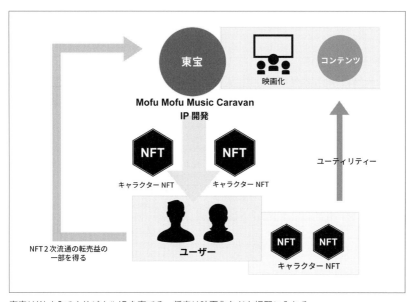

東宝はWeb3でオリジナルIPを育てる。将来は映画化なども視野に入れる

■　法務や税務のリスクを最大限排除するスキームに

　栢木氏がオリジナルIPづくりで意識した2つ目は、上場企業である東宝がWeb3という領域でどこまでビジネスを展開できるのか、法務面や財務面を整理することだ。

　NFTは2次流通することで転売益が発生する。このWeb3ならでは

のビジネスモデルは、これまでの東宝のビジネスではあり得ないものだ。「まだ法整備が進んでいないということも踏まえて、最大限、法務と経理財務のリスクを排除する形で整理した」（栢木氏）

　同社は「Mofu Mofu Music Caravan」をNFTプロジェクトだけで終わらせるつもりはない。「このIPでいずれはアニメシリーズ化や劇場映画化を目指していく。NFTをはじめとしたWeb3領域での活用は、あくまでもそのための新たな手段でしかない。Web3の市況に影響されることなく推進していくことが東宝スタイルだ」と栢木氏。

　Web3でのIP育成を今後加速する同社。Web3発のキャラクターIPで制作されたアニメが劇場公開される日もそう遠くはないかもしれない。

■NFT活用のポイント

・**キャラクターIPを新規に創出**
　Web3展開を前提にした新たなキャラクターIPを開発して、幅広い事業展開を狙う

・**上場企業としての課題を解決**
　法務面、財務面の課題を整理してリスク問題を解決。新事業始動に全力投球できる形に

・**海外展開を視野に入れ、海外企業とも提携**
　海外のイベントに出展。海外企業とも提携してグローバル展開を視野に入れる

（写真／吾妻　拓、画像提供／東宝）Ｓ

サンリオの仰天Web3構想

一部キャラクターの2次創作も容認

　サンリオは2023年10月19日、Web3事業を展開するGaudiy（東京・渋谷）とWeb3領域のプロジェクトを始めたと発表した。NFT（非代替性トークン）や生成AI（人工知能）などを組み合わせて次世代のSNSサービスをつくるという。クローズドテストを続けており、24年春に世界で同時リリースする。

「サンリオが持つ450のキャラクターやWeb3を活用して、最終的にはクリエイター経済圏をつくりたい」。サンリオの執行役員で事業戦略本部デジタル事業開発部の濵﨑皓介氏はこう語る。これを実現するのが濵﨑氏が指揮を執るWeb3事業の推進だ。

　現在進めているWeb3事業は大きく3つに分けられる。1つ目がメタバース空間上にある「バーチャルピューロランド」の活用。2つ目はユーザーの「投稿サービス」、3つ目がGaudiyと進めるコミュニティーサービスだ。

バーチャルピューロランド構想をイメージした画像
©2023 SANRIO CO., LTD.
著作（株）サンリオ

■ VTuberが23年12月にデビュー

それぞれの概要を見てみよう。

バーチャルピューロランドは、仮想空間プラットフォームの「VRChat（VRチャット）」上に展開する。同社は、2年前から「SANRIO Virtual Festival」開催している。「最初は2日間、前回は10日間だった開催期間を、24年2月の開催では1.5カ月に伸ばしたいと思っている。基本的には24時間365日利用できるバーチャルテーマパークにしていきたい。ユーザー同士が何度来ても楽しめるショーやライブなど、アトラクションがあるような場をつくりたい」（濱﨑氏）。そこで展開したいと考えているのがVTuber（バーチャルユーチューバー）だ。

目指すのはVTuberがメタバースに集まり、投げ銭などがもらえるような仕組みづくりだ。

「メタバースで好きなVTuberに会って握手をしてもらえるような世界がつくれればVR（仮想現実）の普及にもつながる。テレビのバラエティー番組のように、VTuberがゲストとトークする際に一般ユーザーも参加できるようなコンテンツができれば、メタバース空間が一般層に普及するようになるのでは」（濱﨑氏）

そのためにまず自前でVTuberを抱えてトークの配信などをしてもらう。「バーチャルピューロランドで配信すると、みんなと一緒に面白い体験ができると思われれば、他のVTuberの人にも来てもらえるようになる」と濱﨑氏。目指すのは他社や個人のクリエイターとも共創ができる場の構築だ。まず23年12月にVTuberをデビューさせ、ゆくゆくはバーチャル空間でも活動することを目指すという。

2つ目の投稿サービスは「UGXと呼んでいる」と濵﨑氏。UGC（ユーザー生成コンテンツ）はよく知られるが、最後の「C」をIntellectual Property（IP）に置き換えたUGIP、Productに置き換えた「UGP」、Businessにした「UGB」などをまとめて「UGX」と表現する。Web3が主流になれば、個人クリエイターなどが生成するコンテンツがブロックチェーン（分散型台帳）上で契約を自動執行するスマートコントラクトなどの仕組みで流通する時代がくる。これに備えて個人クリエイターを支援する場を設け、自社IP（知的財産）を強化しようというのだ。

UGXで個人クリエイターなどのコンテンツが流通する時代になる

　サンリオが考えるのは、一部の自社IPの2次創作を認め、クリエイター経済圏を拡大することだ。2次創作のキャラクターを公開できるプラットフォームのクローズドベータを23年12月から始め、24年春ごろの試験的運用を目指している。

「まず2次創作と相性のいい一部のサンリオのIPで許諾を進めたい。2次創作のガイドラインもすでに設定している」。濵﨑氏はこう話す。

　最近ではTikTokなどユーザーが作成したショート動画からバズが生まれるなど、求められるコンテンツが変わってきている。ただ一方で、クリエイターが良いコンテンツを作っても、間に企業が挟まらないとディ

ストリビューションができない現状もある。「個人だと信用がないと判断されがちだから」と濵﨑氏。ただWeb3になれば、スマートコントラクトによって、信頼が可視化される。売り上げに応じて自動的にロイヤルティーを徴収できる仕組みもつくれる。

「個人でもキャラクターを作ってX（旧Twitter）などでバズって商品化されたら、そのロイヤルティーで十分な収益を得られるような世界があり得る。それがWeb3時代のコンテンツにおける大きなインパクト。そこでUGXという市場が勃興する。Web3では、ユーザーが作ったものが評価される。自分なりの再解釈をして2次創作で楽しむといったことも含めてだ」（濵﨑氏）

サンリオは約450のキャラクターを抱える。おなじみの「ハローキティ」は1974年に誕生した
©2023 SANRIO CO., LTD.
著作（株）サンリオ

　2次創作からは様々なコンテンツの派生が考えられる。将来的にはこうしたコンテンツをNFT化することでロイヤルティー収入にもつなげられる。NFTは、2次流通でロイヤルティーを設定できるのが大きな特徴だ。

「ハローキティは47都道府県とコラボしており全部違うデザイン。サンリオのキャラクターは、他社キャラクターのようなストーリーを背景にもっていない。どんなキャラクターとも同居できる余白を持つキャラク

ターだ。コラボにより互いの魅力を補完し合えるキャラクターというの
は極めてWeb3で活用しやすい。つまり個人クリエイターともコラボし
やすい」(濵﨑氏)

■ NFTと相性がいい「推し活」

3つ目は24年春を目指すと発表したGaudiyと進めるコミュニティー
サービス。これには「推し活」の要素を取り入れる。

「インフルエンサーを巻き込むAI(人工知能)SNSサービスを通じて、
インフルエンサーとファンやファン同士がコミュニケーションするよう
な体験を提供したいと考えている。自分の推しとSNSを通じて会話でき
たらうれしい。これを思い出としてNFTに記録できたらと思って開発
を進めている」と濵﨑氏。同じ「推し」の人や同じ体験をした人が簡単
に見つかれば、コミュニティー内で趣味の共有などもできる。目指して
いるのはウォレットや秘密鍵などを意識させないフレンドリーなWeb3
サービスだ。

こうしたWeb3サービスを構築しながら「NFTを広く配るビジネス
をしたい」と濵﨑氏。サンリオのビジネスは物販とライセンス。ライセ
ンスビジネスではキャラクター付きの商品を作って広告宣伝などに活用
してもらって商品が売れれば、ロイヤリティーをもらえる。

NFTを活用すればこれをさらに拡大できる。商品を買った人にNFT
を付ければ、NFTが欲しくて商品を買う人が現れる。そうなれば、ラ
イセンスビジネス的には広告宣伝に使える。加えて、「同じ商品を持っ
ている人同士がマッチングするようなコミュニティー形成にも使える」
(濵﨑氏)と言うのだ。

「スマートフォンをかざすだけで、同じ商品を持っている、同じイベントに行った、同じ"推し"を持つ、といったことが分かりコミュニケーションツールになる。NFTがバッチになる」（濵﨑氏）。NFTと相性が一番いいのは推し活だと考えて、活用を進めるという。

「エンターテインメント体験を後押しするようなNFTを発行したい。例えば、サンリオの商品やライセンス商品を買うとNFTがもらえるようにして、自分の思い出にしてもらえるようにしたい。同じNFTを持っている人たちをマッチングできるようにして、ユーザー同士のコミュニケーションのきっかけにしたい」（濵﨑氏）

　サンリオは、キャラクター会社からエンタメ会社になることを目指し、社長直轄でWeb3事業を進める。NFTはこれまでライセンス会社を通じて発行したことがあったが、今後は本格的に活用を進める。

■NFT活用のポイント

・キャラクター商品の広告宣伝
　NFTを商品に付けることで商品のマーケティングに活用

・2次創作の拡大にNFTを生かす
　クリエイター経済圏の拡大のなかで、NFTの2次流通などでのロイヤルティーをビジネスに生かす

・共通の何かを持つ人同士のマッチング
　同じ「推し」の人や同じ商品を持っている人などをマッチングさせてコミュニティーを形成する

（画像提供／サンリオ）Ⓣ

話題のNFTキャラクター
人気の秘訣はコミュニティーにあり

ライセンス無料で広がる
CryptoNinjaの世界

日本発のNFTキャラクター「CryptoNinja（クリプトニンジャ）」。このキャラクターIPを開発したのは、ブロガーなどで知られるイケダハヤト氏。派生として生まれたNFTのコレクションである「CNP（CryptoNinja Partners）」は企業のマーケティングなどでも活用されている。

CryptoNinjaは、2021年9月にリリースされた。当時イケダ氏は、海外でNFTが盛り上がっていることを知り、以前からやってみたかったキャラクタービジネスをNFTで立ち上げようと考えたという。X（旧Twitter）で呼びかけたところ、あるイラストレーターと意気投合。世界に向けた日本発のキャラクターならば「忍者」だと発案し、そのイラストレーターと一緒にキャラクターを開発した。1体から始まったキャラクターは、23年10月時点で37体まで増えている。

キャラクター使用のライセンス料は基本的に無料だ。ユーザーは自由に2次創作でき、年商2000万円以内までなら、許可なく商用利用をしてもいい。その際も、イケダ氏には1円も入らないという。CNPも、こうした2次創作のキャラクターとして生まれたものだ。

個人クリエイターの2次創作も活発だ。ある漫画家は、自分の作品の主要キャラクターの中にCryptoNinjaを登場させる。ファンアートを作るクリエイターも多いという。自治体が、ふるさと納税の返礼品として、

NFTを採用した事例もある。さらには、23年10月からTOKYO MXにて、CryptoNinjaを原作としたオリジナルアニメ「忍ばない! クリプトニンジャ咲耶」の放送が始まった。IP利用の自由度の高さが、キャラクターの認知を広げる要因になっているのだ。

CryptoNinjaの
キャラクター。オ
リジナルアニメ
「忍ばない! クリ
プトニンジャ咲耶」
も始まった

コンテンツが生成され
拡散するコミュニティーの重要性

CryptoNinjaのコミュニティーである「NinjaDAO」は無料で誰でも参加できる。コミュニティーアプリの「Discord (ディスコード)」上には、多くのファンが集い、無数のプロジェクトが立ち上がっているという。NFTのコミュニティーとしては、日本最大規模ともいわれる。

このコミュニティーによって、新しいコンテンツが次々と生成され、それがSNSで一気に拡散される。イケダ氏は「コミュニティーこそがCryptoNinjaの強みだ」と語る。こうした自走する拡散装置のような仕組みは、まさにWeb3的だといえるだろう。

今後は、CryptoNinjaのさらなる知名度向上を目指し、ゲームとのコラボレーションやグッズ販売など、通常のIPビジネスへと軸足を移していく計画だ。

(画像提供／イケダハヤト氏) **S**

ANAのNFTマーケ活用

航空写真、機内音楽…
目指す移動需要の喚起

全日本空輸（ANA）が、NFT（非代替性トークン）の活用を推進している。非航空事業を拡大するなかで次世代インターネットのWeb3事業も進める。そのなかで活用されているのがNFT。マーケットプレイスも独自に運営している。

ANAが子会社のANA NEO（東京・港）を通じて「ANA GranWhale NFTMarketPlace」を開始したのは2023年5月30日。第1弾として、航空写真家として著名なルーク・オザワ氏の写真を初めてNFT化して6点を完売した。1点10万円だったが、デジタル写真にポジフィルムを付けた1点はオークション形式で販売して16万6500円の値が付いた。

23年6月からはANAが世界で初めて導入したボーイング787の初号機の特別塗装機で、デザイン案として検討していたが採用されなかったという幻のデザインを7870円でNFT化。それぞれ787個を販売した。787番目の番号が付いているNFTはオークション販売にしたところ、4万9787円で売れたという。入札したファンも「787」を楽しんでいたということだろう。

23年10月14日には、ANAの航空機の機内で流れる音楽「Another Sky」の1フレーズを抜粋して、演奏パート別に収録したNFT音源を販売。同日開催した「ANA Team HND Orchestra × ANA Blue Baseコラボレーションツアー」限定で、アイテム8個は完売した。

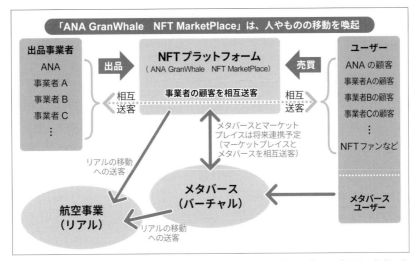

「ANA GranWhale NFT MarketPlace」は、移動需要の喚起を目指して始めた（ANAの提供の資料を基に編集部で作成）

　23年10月末時点で2800点ほどを販売するNFTマーケットプレイス。ブロックチェーン（分散型台帳）にはイーサリアムを使っており、扱っているコンテンツは大きく3つに分類できる。ANA関連のNFT（ANA NFT）と、クリエイターとコラボした航空キャラクターNFT作品、アーティストが出品するNFTだ。

まずは航空ファン向けのアイテムから販売しはじめた

地方創生に活用したいNFT
最初は航空ファン向けに

　サイトを見ても航空関連のNFTが目立つ。航空機ファンに向けたマーケットプレイスかと思いきやそうではない。狙いは、Web3などを活用したデジタル事業の拡大と、地域創生での関係人口づくり、Z世代（1990年半ばから2010年代前半生まれ）や海外顧客にアプローチするマーケティング活用だ。

　「地域の産品とNFTをひも付けることで移動需要が発生するのではないかと新規事業の提案制度に応募して採択された」と語るのは、ANAのCX推進室 業務推進部 価値創造チームANA NFT Projectリーダーの高野悠氏。例えば、地方の畑などをNFT化して所有してもらうと、自分が所有する畑の作物の生育状況が気になって、移動需要が発生する。こうした移動需要の喚起から航空機を利用してもらいたいとの思いだった。

　20年8月に設立したANA NEOはANAグループが非航空事業を拡大するなかで、新型コロナウイルス禍前の19年から構想され立ち上がった会社。ANAのほか、ゲーム「ファイナルファンタジーXV」のプロデューサーなどを務めた田畑端氏が代表のJP GAMES（東京・千代田）なども出資する。

　Web3を活用しバーチャル仮想空間で旅を体験してもらうといった、新たな取り組みを進める。「ANA GranWhale」という旅のプラットフォームを立ち上げ、台湾、香港、フィリピン、マレーシア、タイでサービスを展開してきた。

ANA GranWhaleは「メタバースによる旅の拡張体験」をうたう

ANA GranWhaleの様子。近く日本でもローンチする

　3Dの旅に特化した仮想空間で、実際に旅ができない人にも現地に行ったかのような体験、現地に行く前の情報収集などに使ってもらうためのもの。「旅の入り口の体験を提供する」とANA NEOシステム部 リーダーの亀岡孝行氏は説明する。

　ANA GranWhaleにはSHIPSやMIZUNO、伊藤園、三菱UFJ銀行など13店舗が出店しており、ANAのマイル「1マイル＝1Vマイル（仮想空間内通貨）」としてデジタルアイテムの買い物もできるようにした。アジア展開でのフィードバックを取り入れてサービスを改善してきたが23年12月、日本国内向けサービスも開始した。

　ANAのNFT事業は新規事業提案のなかから生まれた取り組みで、実現手段としてNFTを活用することになった。一方ANA NEOではバーチャルのトラベルプラットフォームを構築するなかでNFTプラットフォームも開発していた。当初、両者の取り組みは個別に進行していたが、NFTの活用という意味では方向性が同じ。一緒にNFT事業を進めることとなった。その一つが「ANA GranWhale NFTMarketPlace」だ。

　NFT事業では、地域創生や旅に関するNFTを販売したいと考えていたが、大手航空会社として約4000万人のマイレージ会員にも広く使って

もらえるサービスとしなくてはいけない。

　だから「まずは、お客様から見て分かりやすいNFTを出していこうと考えた」と高野氏。それが当初、航空関連のNFTを中心に展開した理由だ。現在NFTマーケットプレイスには「30の国や地域からアクセスがくる」と続ける高野氏。地域創生や旅に関するNFTも今後順次投入する計画だ。

■　大手だからこそ、山積みになった課題

　大手企業がNFT活用を始めるには様々な課題があった。「挙げればきりがない」と言う高野氏。例えば、暗号資産を持った場合の価値の変動リスク、NFTは法的には誰の持ち物になるのかという著作権や所有権などの観点、税金の取り扱いや景品表示法の観点などからの課題を一つひとつ整理する必要があった。

　そのため利用規約の書き方なども弁護士と相談しながら慎重に進めた。「例えばお客様は何ができるかを、本当にシンプルに書くことにした」と高野氏。

　「NFTはSNSの利用にとどめるとか、個人の利用にとどめるなどと具体的な文言に落とし込んでいる」と高野氏は話す。

　NFTやWeb3は新しいテクノロジーなので社内説明も難しいというビジネスパーソンは多い。ただANAでは、マーケットプレイスが始まり「社内の理解が大きく進んだ」と高野氏。実際に始めてみたことで、ようやく次の議論ができるようになってきたという。一等航空整備士でそれまで航空機の整備を担当していた高野氏は、22年の4月に事業提案を

して同7月には部署を異動して事業化を進めることになった。

「ANAの新規事業提案はスピード勝負」と同社CX推進室業務推進部価値創造チーム担当部長の野中利明氏。「年度内に提案されたものは年度内に実現させる」（野中氏）。このスピード感があるからこそ、事業を進めながら課題を解決するアジャイル（俊敏な）型で事業構築も進められる。

　NFTのマーケットなどを今後グローバルに進めるために多言語化はどうするか、その際の現地プロモーションはどう進めるべきか──。課題は山積みだが、24年の3月までに、本来の狙いの一つである地域創生関連のNFTをリリースしたい考えだ。

■NFT活用のポイント

・事業開発のスピード感
22年の4月に事業提案から提案者が同7月には部署を異動して事業化を進めたスピード感。新たなテクノロジー活用には不可欠

・Web3（NFT）活用で、新たな顧客へのアプローチ
新しいテクノロジーに親和性の高いZ世代、グローバル展開による海外顧客の獲得

・ファン向けから始めて知見を得る
移動需要の喚起のためにのアプローチだったが、まずはファン向けのNFTを展開して新たな知見を蓄積している

（画像提供／ANA）🅣

KDDIがWeb3事業加速

マーケ活用の軸になる
自社ウォレット

　KDDI（au）がWeb3、NFT（非代替性トークン）の活用を強化している。2023年3月、メタバースやNFTマーケットプレイスなどのWeb3サービス「αU（アルファユー）」を立ち上げた。23年10月には新たに2サービスを追加するなど、サービス全体をアップデート。同社が目指す「オープンメタバース」で鍵を握るのは、NFTや暗号資産を管理するウォレット「αU wallet」だという。

「手に入れたNFTを、別のメタバースでも活用できるような『オープンメタバース』の世界観を目指している」。KDDIの事業創造本部 Web3推進部 部長兼BI推進部の舘林俊平氏は、αUの事業拡大についてこう説明する。

　KDDIがαUを始めたのは23年3月。メタバース空間を提供する「αU metaverse」のほかに、NFTマーケットプレイス「αU market」、NFTや暗号資産を管理できるウォレット「αU wallet」の3つのサービスを同時にリリースしてWeb3事業を本格化させた。

　αU metaverseは、20年5月から始めた都市連動型メタバース「バーチャル渋谷」がベースとなっているメタバース空間。メタバース内で話をしたり、カラオケやゲームができたりするほか、利用者がライブ配信をできる機能も備える。

αU metaverseでの
ライバー配信の様子

　αUのサービス開始から半年以上が過ぎ、メタバース内でトークなどを配信する"ライブ配信者"は、1000人を超えてにぎわいをみせるようになった。メタバース上のイベントに参加した参加証明や特典アイテムなどのNFTを無料で配布、または販売するなど、NFTの活用も進めている。

　NFTのマーケットプレイスのαU marketでは、アート系のほか、様々な企業や人気アーティストとのコラボレーションNFTなどを販売する。サービス開始以来これまでに、1万点以上提供してきたという。デザイナーのファッションショーに参加できるNFTや、飲食店で割引してもらえるNFTなど、機能を持たせたNFTの販売も増やす計画だ。

NFTのアイテムが買え
るαU market

「アートのNFTばかりだと、価格の妥当性を判断しにくい。一般の人が自分の中で価値を測れるものをNFT化することが大切。例えば、これまで一般の人は参加できなかったファッションショーに参加できる権利ならどうか。好きなデザイナーのショーであれば5000円くらいが妥当だろうといった具合だ」（舘林氏）

　現在、αU marketで使える通貨はあえて日本円のみにしている。暗号通貨（仮想通貨）では購入できない。Web3になじみのない人でも、簡単に買えるようにするためだ。

　当初は、αU market上のNFTのブロックチェーン（分散型台帳）は「Polygon（ポリゴン）」を採用していたが、ゲームに特化した「Oasys（オアシス）」やブロックチェーン事業を手がけるHashPalette（ハッシュパレット、東京・港）が提供する「Palette Chain（パレットチェーン）」といった複数の国産チェーンにも対応した。舘林氏は「これらのチェーン上で展開するゲームで使うNFTも販売する予定」と話す。

αU marketで人気の「JUNKeD MONSTER」（右）と「カバードピープル」（提供／KDDI）

■ 様々な視点からWeb3事業を強化

αU marketでNFTを購入するには、NFTを保管するためのウォレットαUwalletが必要だ。KDDIはこれも自社で開発した。その理由は簡単な手順でNFTを購入してもらえるようにするためだ。ウォレットを使いやすくすることで利用者の裾野を広げWeb3の事業を拡大する。

23年10月にリリースした新サービスは、3Dで再現された店内でショッピングができる「αU place」と、バーチャル空間での3Dライブが体験できる「αU live」だ。

2サービスのリリースと同時にKDDIは23年10月24日、オープンイノベーションを進めるためのファンドを通じて、メタバースでエンターテインメント事業を進めるActiv8（東京・渋谷）への出資を発表している。Activ8はバーチャルタレントKizuna AI（キズナアイ）を生み出した会社だ。

様々な視点からWeb3事業を強化するKDDI。その狙いは大きく2つある。

1つは、生成AI（人工知能）などの進化でUGC（ユーザー生成コンテンツ）が増えると見て、クリエイター経済圏を拡大すること。これがWeb3やメタバースの拡大を後押しし、KDDIが目指す「オープンメタバース」につながると考えていることだ。

もう1つは、IDアカウントや決済データといったデータを取得できなくなる時代に備えること。「個人がウォレットを作って、暗号資産で決済するWeb3の世界になれば、我々は一切関与できなくなる可能性も考え

られる」と舘林氏。ガラケーからスマホになり、通信キャリアのビジネスモデルはがらりと変わった。「同じような変化がこの10年で起こらないとは限らない」（舘林氏）。

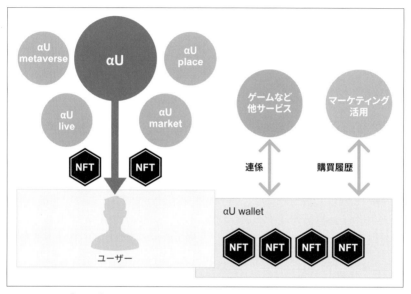

KDDIはαUで「オープンメタバース」を目指す

■ ウォレットはマーケ活用がポイント

Web3事業のビジネス活用について舘林氏は、「αU walletが肝の一つ。ウォレットは大きく3つの側面で活用ができる」と話す。

1つは、自社のメタバースやNFTマーケットプレイスでの利用。2つ目は、ゲームなど他社のサービスを使う際のログイン基盤としての活用。3つ目は、ウォレットの中に記録されたNFTの購買履歴を参照したマーケティング活用だ。

「Web2.0のカウンターカルチャーとして分散化を目指すWeb3の世界観からは少しずれるかもしれない。ただ、ビジネス面ではマーケティングでどう活用するかが重要なポイントになると思う。Web3ではNFTなどのデータが誰でも見られるようになるが、そういう時代になったときにウォレットを持っていなければデータへのアクセス手段がなくなってしまう」(舘林氏)

ウォレットはNTTドコモの子会社NTT Digital(東京・千代田)も開発をしている。「通信キャリアや大手企業がWeb3のビジネスでウォレットが鍵を握ると考えているのはこうした理由があるからでは」と舘林氏。いずれやってくるWeb3の世界にスムーズに入ってもらうために、既存のユーザーが使いやすい環境をどう整えるか──。そのための取り組みがαUであり、オープンメタバースなのだ。

■NFT活用のポイント

・価値の妥当性が分かるNFTにする
NFTに機能を持たせる場合、その価値の妥当性が一般のユーザーにも分かるようにする

・ウォレットのNFTデータをマーケティングに活用
ウォレットの中のNFTの購買データをマーケティングに活用できる世界が訪れるので、これに備える

・大企業のWeb3参入が鍵
既存ユーザーにWeb3の世界にスムーズに入ってもらえるような環境を整備する

(画像提供／KDDI) Ⓢ

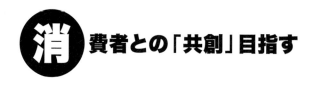

サントリーが進める
NFT活用戦略の全貌

　サントリーがWeb3・NFT（非代替性トークン）の活用に動き始めた。NFTを活用したプラットフォームをつくり、サントリーの“未来の”ものづくりに共感する“ファン”を集めたグローバルコミュニティーをつくる。メンバーがどんなNFTを保有しているか可視化できるブロックチェーン（分散型台帳）の特性を生かし、付加価値の高いマーケティング活用を目指す。

　2024年春の開始を目指して、開発を進めているのはWeb3を活用したコミュニティー「SAKAZUKI（サカズキ）」。23年3月に設立した、サントリーのグループ会社Good Measure（東京・港）が準備を加速している。

　SAKAZUKIではデジタル会員権としてのNFTである「SAKAZUKI NFT」を発行し、サントリーのものづくりに共感するファンを集める。

　まず取り組むのは「Hidden Gems」（隠された宝石）と呼ばれる、サントリーのつくり手たちがもつ技術やアイデアのうち、まだ世に出ていないお酒。これを世に出していく新たな「Direct to Fanプレミアムビジネスモデル」の構築だ。サントリーのものづくりに共感するグローバルなファンづくりをしていくという。「技術やアイデアはあるが、大量生産には向かず従来のモデルではビジネス化できない。でもサントリーにはこだわりがあり、クラフトマンシップあふれるお酒がたくさんある。NFTはこれを消費者に届ける仕組みをつくるのに向いている」と語るのは、日本のハイボールブームの仕掛け人で「ハイボール・チャーリー」

の愛称を持つGood Measureの竹内淳社長だ。チャーリーという愛称は22年までの米国駐在時代に付けられたという。

「ニューヨークでハイボールが一番売れているというバーでは、ウイスキーの季（TOKI）のハイボールが1杯20ドルでも多数飲まれているのを目の当たりにした。ラスベガスのバーなら『山崎』は1杯50〜70ドルだった」と竹内氏。日本のクラフトマンシップは高く評価されている。「ストーリーがあり希少価値があるHidden Gemsはグローバルで評価される可能性がある」（竹内氏）と感じた。

■ Web3では消費者との共創の時代になる

こうした日本のものづくりに対する海外での評価をビジネス化できないか——。今ならNFTを「手段」として使える。Web3になれば「完成品を所有することよりも、企業と消費者と共創する『体験』がより高い価値を持つ時代になる」（竹内氏）。そんな時代に向けて、サントリーとしての新たなビジネスモデルをつくりたい。

SAKAZUKIはNFTを活用して顧客参加型、価値創造型のコアなコミュニティーを形成する。イベント体験や製品購入をNFTでバーチャル化し、エンゲージメントを深めるバリューシェアコネクターとしてNFTを活用する。販売するのは、商品の購入権付きNFTだ。NFTを持っているだけではお酒は飲めないが、購入権を行使すると指定された住所に商品が届く。商品を購入すると、保有していたNFTはお酒の購入権を使ったことを証明する「消費証明NFT」に切り替わる。加えて、イベントへの参加やバーへの訪問などでも体験証明NFTをもらえるようにする。こうしてアクティブに購入や体験証明NFTを所有することでエンゲージメントが深まり、コミュニティーの中核メンバーとなる。

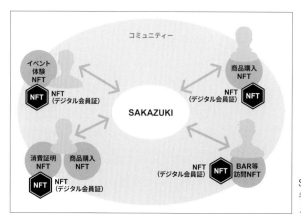

SAKAZUKIでは、NFTを
手段として活用して、コミ
ュニティーを形成する

　すると従来のECサイトと何が変わるのか——。「Web3では、それぞ
れの価値観を可視化して所有し、シェアできる」と竹内氏。NFTは体
験や購入履歴を個人名とひも付かない形で見られるのが特徴の一つ。知
り合い同士なら「あの酒の購入権持ってるのか！」「最初からこのコミ
ュニティーに参加しているのか」。保有する履歴を見せ合うことで、その
人の志向が分かり会話のきっかけになる。こうして自ら能動的に動いて
得た体験や価値を共有しやすくなり、エンゲージメントが深まる。コミ
ュニティーは大きくなり、グローバルでサントリーファンが増えていく。

　「アクティブに活動してくれたコアファンにこそ感謝の還元としてさらな
る体験、限定製品購入アクセス権を届けたい」と竹内氏。SAKAZUKI
ではまず、グローバルで富裕層やWeb3のリテラシーが高い500～1000
人のコミュニティーをつくる。参加型、価値創造型のコミュニティーを
運営しながら、マスアダプション（一般化）を目指す計画。そのための
会員システムも同時に検討しているところだ。

　23年11月7日には東京・品川区の寺田倉庫でプレローンチイベントを
開催した。1Fと2Fに分かれた会場で、1Fには様々なブースでポイント

がためられる。ポイントを一定数以上ためた人だけが2Fのバーに上がれる仕組み。イベントのために用意した当日限定のHidden Gemsなお酒が試飲できるという特別感も演出した。SAKAZUKIでのNFT活用を疑似体験してもらうためのイベントだった。

23年11月に東京・品川区で開催された
プレローンチイベントのバーの様子

■ NFTの便利なところが見えてきた

「NFTはアクティブに頑張った人への還元ができる技術」と竹内氏は表現する。NFTの活用を考えたのは米国から帰任した22年6月。NFTについて勉強をしていると便利なところが見えてきた。

1つはエンゲージメントを還元できること。体験したことや購入したものをデジタル上で可視化できる。価値観を共有することで企業と顧客のエンゲージメントが高くなり、ファンへ何らかの還元施策も打てる。

2つ目はグローバルに展開し、新しいファンがつくれること。デジタルで国境を越えて、従来はターゲティングできなかった若年層のデジタルネーティブ世代にグローバルにリーチできる。

これが未来のサントリーファンづくりに向いている、と竹内氏は思い至った。そしてNFTは「まだ黎明（れいめい）期だからこそ、トッププ

レーヤーにもコンタクトしやすい」。そう考えた竹内氏は、NFTデジタルアートの世界的なコミュニティーである米国「PROOF（プルーフ）」のファウンダーであるケビン・ローズ氏にも直接会い、PROOFとも連携してコミュニティーづくりを進めることになった。Web3のリテラシーが高い、酒好きの外国人にもSAKAZUKIに参加してもらう。

■　既存のビジネスの延長ではできない

　この新たな取り組みを竹内氏は「既存ビジネスの延長ではできない、ものづくりへの挑戦」と説明する。「SAKAZUKIはサントリーにとって、高付加価値製品の開発に挑戦する発信の場であり、作り手が挑戦できる出口にもなる。NFTをメンバーシップの証として活用して、グローバルに酒文化を『共創』する場であり、コミュニティーメンバーが自発的に発信するメディアに発展する可能性もある」（竹内氏）。海外のファンにもコミュニティーに参加してもらい、ゆくゆくはクロスマーケティングができるプラットフォームになるのが理想形だ。

「そのためには様々な企業やコミュニティーとの連携が不可欠。NFTの技術を用いて経験・体験のプラットフォームを業界横断でつくるためのプロジェクトも同時に進めている」と竹内氏。酒類に限らず、ファッションやゲーム、飲食業界との連携も模索している。NFTを活用すれば、興味や関心に基づいて試供品を提供したり、無料体験をしてもらったりといったこともやりやすい。

　これをグローバルで展開するために、誰と組み、何をしていくべきか。今まさに、検討を重ねている真っ最中。NFTを知らなくても利用できるような環境づくりを模索する。

大企業ならではの苦労はもちろんあった。Web3ビジネスを始めようにも、既存ビジネスとは異なるモデルであり、時代の変化に合わせいち早く挑戦することへの理解を得ることは簡単ではなかった。

そこで竹内氏は、サントリーホールディングスの経営層に直訴した。「社内ベンチャーとして子会社を立ち上げさせてください。従来発想にとらわれない新規ビジネスにチャレンジするにはスタートアップしかない。グローバルで3年後、本物のサントリーファンが数千人規模に育っているとしたらどうですか？」

経営層が出した答えは、「おもろい、やってみなはれ」──。「やってみなはれ」は、失敗を恐れずに挑戦するというサントリーの創業精神の一つだ。こうして生まれたスタートアップ企業Good Measureは、竹内氏を含めて3人のメンバーで走り回る。3年で成果をあげるため、事業計画もめまぐるしく、日々アップデートされている。

■NFT活用のポイント

・保有NFTの可視化でコミュニティーを活性化
趣味嗜好をNFTで可視化することで、共感し、コミュニティーの活性化につながる

・エンゲージメントの高い人に還元できる
NFTを通じて価値観や履歴を共有することで、エンゲージメントの高い消費者に何らかの還元施策が打てる

・グローバルな展開で新しいファンをつくれる
国境を越えてデジタルネーティブな若年層にもリーチできる。これが新たなファンづくりにつながる

（写真提供／サントリー）🅣

1億IDを誇る「Ponta」のNFT戦略

　共通ポイントサービス「Ponta（ポンタ）」を運営するロイヤリティ マーケティング（東京・渋谷）が、NFT（非代替性トークン）の活用を模索し始めた。2023年内にNFTマーケットプレイスを運営するSBINFT（東京・港）の「SBINFT Market」でPontaが利用できるようになるほか、ブロックチェーン（分散型台帳）事業のプレイシンク（東京・新宿）と提携して、Web3事業を共同推進する。大きな狙いはPontaを活用したマーケティング施策の促進だ。

　ロイヤリティ マーケティングは23年内に、プレイシンクと新たなブロックチェーンを作り、Pontaを活用したマーケティングなどに利用する。米Ava Labsが提供するブロックチェーン「Avalanche（アバランチ）」上に、サブネットチェーンを作って運用する。独自のブロックチェーンを作ることで、取引時に発生するガス代（手数料）の負担をなくし、トランザクションのスピードを上げる狙い。

　「ポイントサービスでは1億以上のIDが瞬時に取引できないと駄目。既存のポイントサービスとシームレスに運用しようと考えると既存のブロックチェーンではそうしたスピードは得られない」と語るのは、ロイヤリティ マーケティング上級執行役員コンシューマービジネスグループ長の八髙正規氏。この独自のブロックチェーン上でNFTをマーケティングに活用しようというのだ。

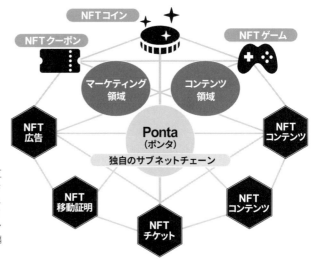

コンテンツ間で、相互
送客・相互利用ができ
るNFT/ ブロックチェ
ーン環境を構築（ロイ
ヤリティ マーケティン
グ提供の資料を基に編
集部で作成）

■ NFTクーポンなども検討

その理由を八髙氏は説明する。

「現在企業が実施しているキャンペーンなどのノベルティーは約7割が
廃棄されているという話もある。我々は、『無駄のない消費社会構築に貢
献する』という企業理念を掲げながら事業を展開しており、今後NFT
をノベルティーなどに活用することで、無駄が発生しない新しいサービ
スを提供できるのではないかと考えた」

NFTの活用のポイントは大きく2つある。

1つがマーケティングでの活用だ。NFTを活用した広告やクーポンな
どを展開することで、活用する企業と消費者との関係をつなぎとめる新
たな取り組みを検討する。

「商品を購入した人にノベルティーとしてNFTを配ったり、既存の会員にNFTを配ったりできる。どのユーザーがNFTを受け取ったかも分かるので、個別の興味関心なども分かるようになる」と八髙氏。発展形として、こうしたNFTのCtoC（個人間）売買なども考えられる。それぞれが欲しいNFTを交換するといった想定。そのためのマーケットプレイスの運営も今後検討する。

　ロイヤリティ マーケティングではこれまでも、店頭での購入データなどを基にしたマーケティング支援を展開してきた。23年10月時点でメルマガの配信は約6000万通、アプリのダウンロード数は1500万を超える規模。こうした利用者の購買行動を分析しマーケティングに活用できる基盤を食品メーカーなど様々な企業が利用しているという。このIDをNFTと連係することで、NFTを活用した新たなマーケティング支援施策が提供できるようになる。

Pontaは23年9月末時点で会員数1億1456万人。提携店舗は28万店舗（23年4月1日時点）と広く利用されている

「NFTを配り個人保有にして付番がつくことによって、コレクター的

な感覚を醸成したい。個人間取引ができるようになれば、よりファンコミュニティーが活性化するのではと思っている」と八髙氏。同じ飲み物を買った人同士、同じ出身地の人同士など、NFTを基にファンコミュニティーができていけば、その人たちだけに向けたメール配信などでマーケティング効果を高めることもできる。

「熱量の高い人に向けたマーケ施策が打てるようになるので、特にメーカーのプロモーションなどに有効なのではと考えている」(八髙氏)

「店頭で一人ひとりに『ポイントを使ってくれてありがとう』とはなかなか言えない。ただ、NFTでWeb3の世界に入ってもらえれば、そこで直接我々から会員1人ずつにコミュニケーションをとることもできる」(八髙氏)。競争が激しい業界で直接利用者とつながれる接点を強化することでPonta経済圏を利用し続けてもらおうというのだ。

■ 漫画の電子書籍サービスも展開

　もう1つはコンテンツ領域での活用だ。ゲームやトレーディングカードなどを想定している。プレイシンクは、「トレサカ」(23年2月リリース)というNFTを使ったJリーグクラブ運営のシミュレーションゲームを開発した企業でもある。同9月からはこのゲームがPontaに対応した。ゲーム内決済でPontaポイントを使えるようになったのだ。今後、こうしたコンテンツも新たなブロックチェーン上で展開する見込みだ。

「トレサカ」を開発したプレイシンクと新たなブロックチェーンを作り、Pontaを活用したマーケティングなどに利用する

　アプリ開発などのand factory（アンドファクトリー）と組み23年内に、漫画の電子書籍サービスも展開する。大手の漫画配信サービスとほぼ同様の規模で、Pontaアプリから漫画を買えるようにする。その後は「例えば漫画のIP（知的財産）をNFT化して提供するといったことも考えていきたい。プレイシンクは様々なIPホルダーとも接点を持っており、そうしたネットワークも使ったIP連係も考えていきたい」（八髙氏）と言う。

■　NFTはノベルティーとして配布する

　こうしたNFT活用で1億IDの利用者がスムーズに利用するためには、誰でも利用できるサービスにしなくてはならない。「独自のブロックチェーンをつくることにしたのも、NFTは危険なのではといった利用者の不安も取り除きながら進めるため」と八髙氏。イーサリアムなどのブロックチェーンを活用するとウォレットという財布機能が必要になり、決裁や管理も複雑。そこでロイヤリティ マーケティングでは、「NFTCloak」というプレイシンクがこれまで利用してきた実績があるウォレットを使

ってNFTを配布するという。

　そして、NFTはポイントとしての価値を持つのかというと「今後慎重に考えなくてはいけない」と八髙氏。Pontaなどのポイントは金融商品ではないが、NFTをポイントにした場合はどうなのか、不透明な点も残る。

「我々はまだ、NFTをポイント化することは考えていない。ノベルティーとして配布する」と八髙氏。可変的な価値をどう見るのかは難しい部分でもある。こうした課題を抱えながら24年、ロイヤリティ マーケティングはNFTのマーケティング活用に本腰を入れる。まずは、Pontaの月間アクティブユーザーの7割くらいがNFTを利用してくれるような環境をつくることを目指す。

■NFT活用のポイント

- **独自のブロックチェーン作り**
  将来1億IDとシームレスに連係できる処理能力を持つインフラを作る
- **よいパートナーを選ぶ**
  自分たちが弱い部分に優れた実績を持つ相手と組む
- **誰でも利用しやすい環境づくり**
  使いやすいウォレットの提供と、独自ブロックチェーンを使う安心感

J-WAVE、NFTでラジオ聴取を習慣化

毎月50時間聴くと特別なNFTがもらえる

FMラジオ局J-WAVEは、NFT（非代替性トークン）を活用したサービス「J-WAVE LISTEN＋（リッスン・プラス）」を2023年5月から提供している。アプリを通じてJ-WAVEを月に50時間以上聴くと、デジタルステッカーとしてNFTをもらえる。NFTを活用してゲーム感覚で聴取時間を増やす、新たな試みだ。

J-WAVEを月に50時間以上聴くとNFTがもらえる──。リッスン・プラスでは、エントリー後にJ-WAVEアプリ、J-WAVEのウェブサイト、radiko（ラジコ）アプリでJ-WAVEを聴くと聴取時間が見られる。これが50時間を超えるとNFTがもらえるのだが、スマホやPCでJ-WAVEを50時間聴くのはかなりハードルが高い。どのような意図で、このようなサービスを始めたのだろうか。

「インターネットでラジオが聴けるradikoのデータとJ-me（ジェイミー）リスナー会員（J-WAVEリスナー向けファンクラブのようなもの）の一部がひも付けできるようになり、誰がどの番組を何時間聴いたかが分かるようになった。たくさん聴いてくれたリスナーに感謝の気持ちを贈りたいというのがそもそものきっかけだ」とJ-WAVE取締役デジタル戦略局長の小向国靖氏は語る。J-WAVEのリスナー1人当たりの平均聴取時間は、1カ月で9時間ほどだという。これは他局と比べても長いとのことだが、50時間のハードルがいかに高いかが分かる。

そこで、事前に実証実験を実施した。2022年7月の1カ月間限定で100時間聴いたらJ-meポイントを付与するというキャンペーンだ。

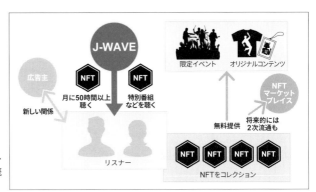

J-WAVEのリッスン・プラスのサービス概要。編集部で作成

「どれだけの人が参加してくれるのかまったく分からない状況だった」と振り返る小向氏。しかし、1500人ものリスナーが参加し、そのうち600人ほどが100時間を達成したという。時間を計測可能にするためには、J-WAVEアプリとradikoのアプリで、広告識別子による追跡可能フラグをオンに設定する必要がある。しかも時間を計測できるのはアプリで聴いた時だけで、車のラジオなどで聴いても計測できない。「こうした面倒を乗り越えて100時間も聴いてくれる人が、これほど多かったのには驚いた。これはいけると確信を得た」（小向氏）

J-WAVEのアプリで放送を聴く。50時間を達成するとメッセージが流れる

■ NFTだからこそできる新たなサービスを模索

　この実証実験の結果を受け、本サービスとして23年5月にリリースされたのがリッスン・プラスだ。アプリのユーザーインターフェースにもこだわった。半円状のグラフ上にこれまでの聴取時間がアニメーションで表示され、達成感を演出する。小向氏は「聴取時間をためることへの快感を提供したいと考えた。ゲームをクリアするようなゲーミフィケーションの感覚を取り入れ、アプリの利用を習慣化させるための一つの形として結実できたと思う」と話す。

　サービス開始から数カ月が経過したが、23年11月時点で9000人を超えるエントリーがあり、その約半数が50時間のハードルをクリアしているという。NFTを取得するには、ウォレットと呼ばれるデジタル資産を管理する仕組みが必要だが、これをつくる工程はそう簡単ではない。ユーザーにウォレットをいかに簡単に作成してもらうかは、こうしたWeb3サービスを普及させる上での課題だった。

　今回はこの課題を、Web3スタートアップのシビラ（大阪市）が提供する「unWallet（アンウォレット）」を導入することで解消した。難しい操作を必要とせず、ウォレットの存在を意識しないままNFTを取得できる。また、インフラとして使うブロックチェーン（分散型台帳）は「Polygon（ポリゴン）」を採用した。

「NFTを発行する際には『ガス代』（ブロックチェーンの手数料）が必要だが、発行作業を代行してくれるシビラへ支払う費用を含めても、ランニングコストはかなり低い」（小向氏）

　今後は、NFTを集めた人に向けたサービスを検討中だ。NFTは50

時間の聴取をクリアしたという証明書としての役割を果たすだけでなく、その証明書に付随する様々な権利も設計できる。例えば、NFTをある枚数以上集めた人だけに、オリジナルコンテンツや限定イベントを体験できる権利を提供するということも可能だ。これはNFTだからこそ実現できるサービスだ。

　加えて、自身が持っているNFTをNFTのマーケットプレイスで転売できるようにする2次流通も視野に入れているという。「月ごとにデザインを変えているので、達成できなかった月のNFTが欲しいなどのニーズも出てくるだろう」と小向氏。ただ2次流通させるには、人数を限定したイベントのチケット購入権などが流通しても、安心して取引できるような全体設計を考える必要がある。これは今後の課題の一つだ。そのため、当面は無料で提供する方針だという。

23年9月に50時間聴いた
結果届いたNFT

NFTにはロマンがある
投機的ではないNFTの可能性

　ブロックチェーン上にあるデータは誰も改ざんできないという点に大きな特徴がある。そのメリットを小向氏は次のように語る。

　「もし我々がリッスン・プラスをやめるとなっても、これまで聴いてきた証しであるNFTは残る。これはリスナーにとっても我々にとってもメリットでしかないだろう。また、NFTを活用する他の企業とのコラボレーションがしやすくなる利点もある。データを我々のシステム上で管理していたら、仕様を合わせなければならないなど面倒なことになってしまうが、ブロックチェーンであればスムーズにやり取りできる」

　22年は、NFTを活用してアーティストを育成する「ミュージック・アクセラレーター・プログラム」も実施。選出されたアーティストのデモ音源を、NFTとして国内外のマーケットプレイスで販売したという。

　「この時は『unWallet』を導入しておらず、ウォレット作成の壁が高かった。音楽のNFTが普及するには、まだしばらく時間がかかると感じた。まったく新しいソリューションが必要だろう」（小向氏）

　24年3月までに、リッスン・プラスのエントリーを1万人規模まで拡大するのが目下の目標だ。ラジオの聴取状況の把握には、2カ月に一度行われる聴取率調査から出る「聴取率」とradikoの利用データを、あるアルゴリズムで掛け合わせた「ラジオ365データ」が利用される。リッスン・プラスの利用者数が増えればradikoの利用も増え、ラジオ365データも上がる。その結果としてJ-WAVEのメディアパワーを増強させるのが狙いだ。

こうしてメディアのパワーが増せば、広告主とリスナーの新しい関係が生まれる可能性もある。例えば、ある企業のCMを2回以上聴いてくれた人にNFTを配布する、といったマーケティング施策も可能だ。「広告は、より多くのターゲットにリーチしなければならないというのとは全く逆の発想」と小向氏。濃いファンに向けて熱量の高いCMを投げかけるという、これまでにはない新たなラジオCMの流し方も考えられる。「リスナーのエンゲージメントが高いラジオ」というメディアの特性を生かした新たな収益源をつくれる可能性があるのがリッスン・プラスなのだ。

「リスナーに楽しんでもらいながら、いかに長く聴いてもらえるかをずっと考えてきた」と語る小向氏。「世界中につながったブロックチェーンで、我々とリスナーの関係が半永久的に記録されていくことにロマンを感じる」とつけ加える。「投機的ではないNFTの使い方が、今後さらに普及する可能性がある」と見ている。

■NFT活用のポイント

- **・NFTを集める楽しみ**
  リスナーはNFTのコレクションを楽しみながら、スペシャルライブなども体験できる。将来的にはNFTの2次流通も
- **・NFTキャンペーンで聴取時間を拡大**
  J-WAVEは聴取時間の拡大によってメディアパワーを増強。広告主とリスナーの新しい関係を提案できる
- **・NFTによって未来永劫（えいごう）証明されるロマン**
  J-WAVEとリスナーがつながっているという証明が、未来永劫ブロックチェーンに刻まれることにロマンがある

Ｓ

NFTはビジネス活用へ
目的重視でグローバルに

早くからNFT（非代替性トークン）ビジネスに取り組んできたテレビ朝日。同社は、関連するIP（知的財産）のNFTを活用したマーケティング支援などを行う。Web3技術を取り入れたインディペンデントアーティストを支援する音楽プラットフォーム「FUZIC」の開発も進めており、グローバルでのビジネス展開を目指す。

「FUZIC」は、ブロックチェーン（分散型台帳）技術を生かし、国内外のインディペンデントアーティストを支援する音楽プラットフォームを目指す

テレビ朝日は、NFTビジネスにいち早く取り組む。2021年末に「東映ロボットアニメ」のNFTトレーディングカードを発売、22年9月には「ワールドプロレスリング」に登場する新日本プロレスの人気レスラーのNFTカードを発売するなど、これまでNFTを"アート"として楽

しむ方法を提案してきた。

■ マーケティング手段として広がるNFT活用

　それが現在は、ビジネス活用フェーズに変わった。「NFTの発行施策では、どのくらい売れるかというトライアルの時期は終わりつつある。今は、NFTを何のために使うかという目的が大事」と語るのは、テレビ朝日ビジネスソリューション本部インターネット・オブ・テレビジョン局インターネット・オブ・テレビジョンセンターの増澤晃氏だ。

　23年に入り、テレビ朝日が関わるIPのNFTを活用したマーケティング支援も始めた。23年6月、TOPPANが運営するメタバースショッピングモール「メタパ」に出店中の「テレアサショップ Metapa店」の開店1周年を記念して、テレビ朝日のマスコットキャラクター「ゴーちゃん。」のNFTを無料で配布。さらには、NFTマーケットプレイス「Adam byGMO」のキャンペーンで、人気テレビアニメのキャラクターNFTを無料で配布するなどした。

　「23年の春から夏にかけて、IPの認知拡大やサービスプロモーションといった、マーケティング手段としてのNFT活用が広がってきた。24年の夏にかけて、大手企業がWeb3事業に本格参入するのでは」（増澤氏）

　メディアとしてNFT活用の支援を進めるテレビ朝日。それは「Web3のマスアダプション（一般への普及）の実現に向けた取り組みの一役を担いたい」（増澤氏）と考えるからだ。

NFT×ふるさと納税で地方創生
訪日観光客にも魅力発信

　テレビ朝日はWeb3を活用した「地方創生」にも着手しようとしている。その中で特に注目しているのは、ふるさと納税とNFTの組み合わせだ。

「果物やお肉など、リアルな返礼品を用意しなければならないのは、(各自治体にとって)非常に大変」と増澤氏。NFTで意味のあるデジタルコンテンツを提供できれば、ユーザーと継続的につながることができ、より深い関係が築けるようになる。発送などの手配も必要なくなるので、手間も減るだろう。

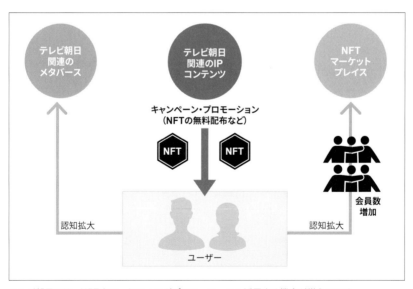

テレビ朝日では、NFTをマーケティングプロモーションへ活用する機会が増えている

　グローバルの壁を容易に超えられるWeb3の特性を生かし、訪日観光

客に地方の魅力を発信する方法も模索する。暗号資産（仮想通貨）を持つ海外の富裕層を、いかに地方に呼び込み、地域経済に融合させるかが鍵だという。「（各自治体などが付与する）観光地で使えるポイントの流動性を高めるような暗号資産の活用方法がないかと考えている」と増澤氏は話す。こうした地方創生でのWeb3やNFTの活用には「時間をかけて取り組む」（増澤氏）考えだ。

　地方創生は放送局が使命感をもって進めるべきことの一つ。まず、自社で成功モデルをつくり、全国の系列局を通して広げていきたいという。

テレビ朝日（テレビ朝日メディアプレックス）が公開している「epio（エピオ）」。NFTをはじめとするネクストテクノロジーの情報を発信している

グローバルでインディペンデントアーティストを支援する「FUZIC」

　同社はWeb3を活用した新たなサービスの開発も進めている。連結子会社であるテレビ朝日ミュージック（東京・港）が開発している「FUZIC」は、グローバルでインディペンデントアーティストを支援するための音楽プラットフォームだ。24年中のサービス提供開始を目指す。

　グローバル展開するにあたり、課題となるのがライセンス管理だ。日本では音楽著作権を管理する団体が存在するが、グローバルではそうした仕組みが整備されていない国もある。こうした地域での利用を視野に入れ、ブロックチェーン（分散型台帳）の技術を活用して、楽曲のライセンスを管理できる仕組みを組み込む。様々な音楽配信サービスに音楽をディストリビューションする機能も提供する予定だ。

　FUZICでは、例えば楽曲制作コンテストを実施した場合、プロモーションに活用したい企業などがアーティストにダイレクトにアプローチできるようにする。また、音楽ファンは、好きなアーティストや楽曲を応援することで、その収益の一部を受け取れるような構造も計画している。

「スマートコントラクト（ブロックチェーン上で実行されるプログラム）を利用するからこそ可能となる、アーティストやファンにとって便利なサービスを実現したい。サービス内で活用するトークンを、NFTにするかユーティリティートークン（実用性を持ったトークン）にするかはまだ検討中だ。Web3ならではの、アーティストフレンドリーな仕組みを確立できれば」（テレビ朝日ミュージック制作本部コンテンツ開発部コンテンツ開発課の塚田光氏）

　同社のWeb3ビジネスの取り組みは、グローバルを視野に入れながら、新しい事業の創出やビジネスで利用するフェーズに差しかかっている。

■NFT活用のポイント

・NFTを使う目的を重視する

アートとしてのNFTを販売する、発行するだけのフェーズは終わり、NFTを何のために使うのかという目的が大事になってきている。NFTを無料配布するキャンペーンなど、マーケティング目的の活用が広がる

・地方とユーザーをつなぐNFT

ふるさと納税とNFTの組み合わせの可能性を模索。意味のあるデジタルコンテンツを返礼品とすることで、ユーザーとより深い関係を築ける

・グローバルサービスでのNFT活用

グローバルでインディペンデントアーティストを支援するプラットフォーム「FUZIC」では、アーティストフレンドリーなサービスとしてNFTの活用を検討する

（画像提供／テレビ朝日）Ⓢ

誌や書籍の付加価値を上げるNFT

メディアドゥ、NFT特典だけで読める漫画新連載も

電子書籍取次のメディアドゥが、NFT（非代替性トークン）を雑誌や書籍のデジタル特典とする事業を拡大している。2023年12月からは漫画雑誌にNFTデジタル特典版にだけ掲載する新連載も登場するなど、NFT活用が進んでいる。

電子書籍取次のメディアドゥ子会社の日本文芸社（東京・千代田）が2023年の12月1日から始めたのは「『週刊漫画ゴラク』デジタル特典版」の新連載。久住昌之氏原作の「するりのベント酒」を、4号連続で掲載する。漫画ゴラクの一部連載を除いた電子書籍と新連載の2つの電子書籍データ（EPUBファイル）を紙版のNFT特典としてつけ、読めるようにした。連載5回目からは紙の連載に移行する。

23年12月1日に発売した「週刊漫画ゴラク12.15号」の特典であるNFT漫画雑誌「『週刊漫画ゴラク』デジタル特典版」

NFTデジタル特典は、メディアドゥのNFTマーケットプレイスである「FanTop（ファントップ）」のアプリを使って楽しむ。同社は21年からNFTマーケットプレイスの事業を開始して、「『北斗の拳』漢の死に様シリーズ 南斗六聖拳ボックス」といったコレクティブアイテムなどのNFTを販売してきた。ブロックチェーン（分散型台帳）は「Flow」を使っている。

　開始当初から注力してきたのは紙の雑誌や書籍を売り伸ばすための「NFTデジタル特典」だ。出版科学研究所によれば雑誌の販売部数は1997年をピークに月刊、週刊とも減少傾向が続く。メディアドゥは21年に出版取次のトーハンと資本業務提携をして、地域書店で電子書籍を販売する仕組みなどを模索してきた。

「リアルの出版物の価値を拡張するような技術の使い方がNFTを通じてできないか。どうすればNFTで本の価値を上げて買ってもらえる」（メディアドゥ執行役員の鈴村元氏）。こうした課題感を持ってサービスを続けてきた。

■ 50社超の出版社がNFT特典

　メディアドゥのNFTデジタル特典は、紙の雑誌や書籍に付録としてついている16桁のコードなどを入力して取得する仕組み。NFTの保有者は、限定写真や映像などのデジタルコンテンツなどが見られる。獲得したNFTを転売できる2次流通のマーケットなども備えている。

　21年10月の扶桑社の雑誌「SPA!」の特装版から始まったNFTデジタル特典付き出版物は、タレントの写真集や書籍など、23年10月までの累計で発行部数は187万冊超、50社超の出版社がNFT特典を付けた

という。

「NFT特典付きの出版物は販売単価が平均41.4パーセント、発売30日間の平均実売率は通常版の実売率と比べると32.7ポイント高い」と話すのは、メディアドゥFanTop事業本部の佐々木章子部長。NFT特装版は通常版の1〜2割程度の部数となるケースが多いが、実売率は平均的に高い。「NFT特装版では、通常版より高い価格を設定していることが多く、実売率が上がれば出版社の収益にもプラスになる」（佐々木氏）

23年6月に活動を停止したガールズグループ「BiSH」の卒業アルバム「GRADUATiON BiSH」（水鈴社）のNFT特典。インタビュー動画（上）、最終公演リハーサル動画などが収録された

NFTの大きな特徴の一つは、2次流通市場がつくれること。NFTのマーケットプレイスを通じて、保有しているNFTをほかの人に売ることができる。ここまでは一般的な中古売買と同じ。だがNFTには2次流通時のロイヤルティーが設定できる。売れた金額のうち、一定の割合の金額が権利者に支払われるよう設定できるので、「中古」で売れても出版社の収益になる。

■ 電子書籍を丸ごとNFT化して 発売した「ハヤカワ新書」

利用が拡大しているのは、将来、出版社にとっても大きなメリットが見込めそうだからだ。

早川書房の「ハヤカワ新書」。電子書籍がNFTの特典として付いている

メディアドゥは、電子書籍そのものをNFT化して閲覧できるようにする仕組みも整えた。その第1弾として販売したのが、早川書房（東京・

千代田）の「ハヤカワ新書」だ。23年6月の創刊時ラインアップ5作品の電子書籍を丸ごとNFT特典にして発売した。

「『未知への扉をひらく』というキャッチフレーズでハヤカワ新書を創刊するにあたり、従来の新書にないバリューを付加したいと考えていた。NFTなら電子書籍の2次流通市場が生まれるかもしれない。出版におけるイノベーションにつながるのでは」とその狙いを語るのは早川書房でNFT事業を担当する山口晶氏。NFT版は通常版の1割程度の初版部数で立ち上げた。市場の手応えは「かなりスロー」という山口氏。ただ「NFT電子書籍をリリースする出版社が増えてきて、複数のNFTマーケットがこのビジネスに参入してくれば、市場規模が一気に拡大する可能性がある」と見る。ハヤカワ新書は、権利がクリアなものはNFT電子書籍付きで販売している。

　書店にはNFT特典付きのものをまとめて扱うコーナーもある一方で、「まだ特典の魅力が足りないのでは」と見る書店員もいる。

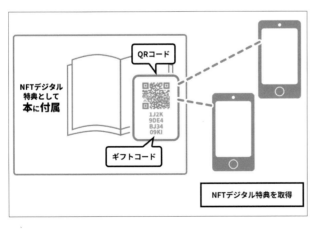

メディアドゥのデジタル特典はスマホを使って取得する

　メディアドゥは、NFTデジタル特典で著作権保護付きの動画など扱えるようにしたり、読み込むだけでNFTを獲得できるバリアブルQRコードなどにも対応したりするなどしてNFTの魅力を高め、使い勝手を上げる。

　こうした取り組みの結果、23年は需要が増えている。NFTデジタル特典付き出版物は23年12月末までに100タイトルを超える見込み。23年12月末までの累計数は227万冊となる。

　「NFT活用では、NFTでなくてはならない理由を模索している企業も多いが、『リアル×NFT』という考え方は一つの解なのではと考えている」（鈴村氏）。「紙＋デジタル」の新たな読書体験がさらに広がるNFTデジタル特典とは何なのか。模索も続く。

■NFT活用のポイント

- **・紙の雑誌や書籍の価値を高める**
  NFTのデジタル特典で、雑誌や書籍の価値を高める
- **・簡単に取得してもらうための仕組みの構築**
  QRコードからNFTを取得できる仕組みづくり
- **・デジタル特典の多様性**
  写真、動画、電子書籍、音声など様々なデジタルコンテンツをNFTの特典として付けられるようにした

（画像提供／メディアドゥ）**T**

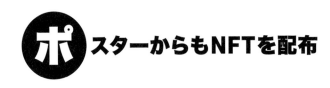
東急電鉄、セブン銀行の NFTマーケ戦略

東急電鉄やセブン銀行がNFT（非代替性トークン）のマーケティング活用を進めている。セブン銀行は2023年7月からATMで募金をした人にNFTを配布するキャンペーンを実施。東急電鉄は駅に掲示したポスターなどからNFTを取得できる施策を実施した。

　東急電鉄は2023年3月、東急新横浜線開業を記念した4種類のNFTを無料配布した。東横線で活躍していた9000系の復刻デザイン（3D車両デザイン）、期間限定で車両に掲出するヘッドマーク、駅名標入り電車カード、美術作家・原田郁氏による開業を祝したデザインのものだ。23年3月18日〜31日までに約1万5000枚を発行したという。

東急電鉄NFT特設サイト

　NFT受取者限定の体験価値を提供するため、東急電鉄NFT特設サイトを期間限定で開設し、NFT保有者向けの限定動画やアナウンスなど

の特典コンテンツも提供した。

23年7月6日からは「デジタルで復刻『すたんぷポン！』東急線全線デジタルラリー」を開始した。駅などに張ってあるポスターでQRコードを読むとスタンプが押せる。コンプリート景品として、本イベント限定の車両NFTを提供する。過去に開催されていた「すたんぷポン！」達成記念品の中で、特に人気があった東急電鉄9000系の文鎮をイメージしている。24年3月末まで継続予定だ。

東急電鉄によれば「今後も、今までにないNFTの楽しみ方を提供することで、当社が配布するNFTを継続的に受け取ってもらいたいと考えている。リアルとデジタル、それぞれの良さを組み合わせた企画を検討していきたい」と言う。

例えば、東急電鉄沿線で実施するイベントで限定NFTを配布し、そのNFTを持っている人しかアクセスできないデジタル空間やコミュニティーを用意してイベント以降も楽しんでもらう、といったことを考えている。鉄道ファンとの新たなデジタル接点をつくることで、継続的なコミュニケーションを図って関係性の強化につなげるという。

▎ マーケ支援のSUSHI TOP MARKETING QRコードからNFT提供

こうしたマーケティングの施策を協業しているのは21年設立のスタートアップのSUSHI TOP MARKETING（スシトップマーケティング、東京・千代田）だ。アカウント作成などの準備なしで、簡単にNFTを提供できる仕組みで、NFTを活用した企業のマーケティングを支援する。

カードなどからスマホのブラウザーなどで獲得ページにアクセスしてNFTを受け取る
（SUSHI TOP MARKETING 提供）

「NFTをマーケティングに活用するポイントは、タッチポイントを広げることと、ロイヤルティーを可視化できること」と語るのはSUSHI TOP MARKETINGの徳永大輔CEO（最高経営責任者）だ。最近は、ブロックチェーン（分散型台帳）のソリューションを提供するシビラ（大阪市）が提供するNFTを管理するウォレットである「unWallet（アンウォレット）」と提携し、Apple IDかGoogleアカウントがあれば本格的なウォレットを簡単に開設することもできるようになった。SUSHI TOP MARKETINGはこの仕組みを使い、QRコードや音声、ICカードタッチなど多様な手段で広くNFTを配りマーケティングに活用するための支援をしている。

■ セブン銀行は募金のノベルティーにNFT

ATMを通じて募金してくれた人全員にNFTを配布するキャンペーンを実施したのがセブン銀行だ。23年7月18日〜10月16日まで実施した。セブン銀行のATMは募金ができる機能を備えている。募金ページから、セブン - イレブン記念財団に募金するとQRコード付きの利用明

細が発行される。これに印刷されたQRコードを読み込むとNFTがもらえるというものだった。

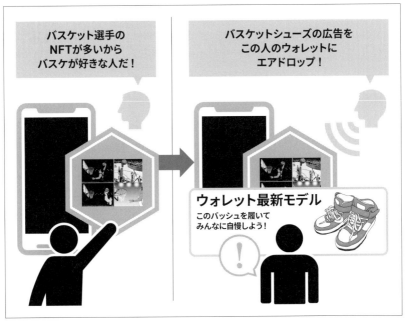

バスケット選手の
NFTが多いから
バスケが好きな人だ！

バスケットシューズの広告を
この人のウォレットに
エアドロップ！

ウォレット最新モデル

このバッシュを履いて
みんなに自慢しよう！

SUSHI TOP MARKETINGはNFTを活用したマーケティングを支援する。配布したNFTを持っている人には、広告を送るなどのマーケティングに使えるのが特徴だ

　1000円以上の募金をした人が対象で、配ったのは環境貢献活動がコンセプトの限定デジタルアート。4種類の中からランダムで1つがもらえる仕組みだった。SBT（ソウルバウンドトークン）と呼ばれる他人に譲渡できないNFTを使った。

　「Web3という新たな事業領域において、ATMというリアルチャネルが顧客接点創出の場に成り得ることを検証するため」と語るのはセブン銀行ATMソリューション部ITデザイン室所属でNFT募金を企画・推

進した「プロジェクトSBT」のプロジェクトリーダーも務める大島拓也氏。「セブン銀行ATM NFT募金キャンペーン」を通じて、ATMが社会貢献の入り口としても利用できることを知ってもらうことも狙いの一つだったという。

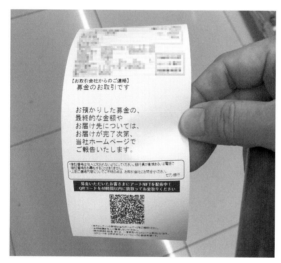

セブン銀行のATMで募金するとレシートにQRコードが印刷されて出てきた。これを読み込んでNFTを獲得する

「これまで当社ATMで募金をしたことがなかった方にも多く参加いただいた」と大島氏。「NFTという新たなアセットを活用し行動変容を促すことができたと考えている。本施策をきっかけに、Web3領域で活躍する事業者との接点も多数生まれた」（大島氏）

　NFTで話題をつくり、企業の取り組みについて知ってもらうマーケティング活用。徳永氏はこうしたNFTの利用が進めば、「将来はNFTをベースとしたマーケティング施策が、より一般的になると考えている」と話す。これを「トークングラフマーケティング」という造語で徳永氏は表現する。

　NFTは、ブロックチェーン上に記録されており、NFTを持っている人がほかにどんなNFTを持っているのかを知ることができる。鉄道ファンなら鉄道関連のNFTを多数持っている可能性があるし、推しのアイドルグループのNFTをたくさん持っている人もいるかもしれない。

　こうした情報は特定の個人とひも付いた情報ではないが、NFTの所有者に対して、好みに合わせた情報を送るといったマーケティング施策も考えられる。トークングラフマーケティングでは、NFTの所有データをブラウザーに保存されているCookie（クッキー）のように活用しようというのだ。まだNFT所有者は少なく大規模なマーケティングには向かないが、特定のNFT所有者に対して、商品やサービスを訴求することはできる。NFTを配ることでロイヤルティーの高い消費者を探り、これをマーケティング施策に生かす。SUSHI TOP MARKETINGではこれまで100件ほどの案件を手掛けてきたという。

■NFT活用のポイント

- **簡単にNFTを獲得できる体験**
  QRコードなどから簡単にNFTを獲得できる新たなデジタル体験の提供
- **タッチポイントの拡大**
  NFTを無料で配ることで、顧客とのタッチポイントを拡大できる
- **ロイヤルティーの可視化**
  ファンであれば好きなもののNFTを所有したくなる。ロイヤルティーの高い人に向けてマーケ施策も可能

（写真／吾妻 拓） **T**

来場記念NFTは
2万9000超の配布

　マーケティングへのNFT（非代替性トークン）の活用で課題となるのは、いかに簡単にNFTを受け取ってもらうか。そして長く持ち続けてもらうか。この課題を解決するために重要なのがNFTを受け取るためのウォレットだ。一般社団法人のジャパン・コンテンツ・ブロックチェーン・イニシアティブ（JCBI）や加盟企業が開発したアプリとブラウザーでの配布ソリューションを使った映画プロモーションで成果を上げた。

　JCBIは、電通グループや博報堂、大日本印刷、講談社など70社（2023年10月時点）が加盟するコンソーシアムだ。ブロックチェーン（分散型台帳）で、コンテンツを安全に管理できるシステムを共同で運営している。支援している日本発のパブリックブロックチェーン「Sanpō Blockchain（サンポー・ブロックチェーン）」を使って、様々な取り組みを進める。

『トランスフォーマー／ビースト覚醒』で配布されたNFT。2023年11月8日に4K ULTLA HD、ブルーレイ＆DVDも発売された（発売・販売：NBCUユニバーサル）©2023 Paramount Pictures. Hasbro, Transformers and all related characters are trademarks of Hasbro. ©2023 Hasbro.

　その取り組みの一つが23年8月に公開された映画『トランスフォーマ

ー／ビースト覚醒』のプロモーションでのNFT活用だ。加盟企業が開発した「Cocollet（ココレット）」というアプリと、ウォレットアプリ「NFT Shelf（エヌエフティー・シェルフ）」を使ってプロモーションを実施した。

■ QRコードから簡単にNFTを獲得 ウォレットいらずの使い勝手

QRコードを読み込んで、NFTを配布できるソリューション「Cocollet」を活用するとNFTを受け取るまでの流れはこんな具合だ。

入場者特典として配布されたカードに印刷されたQRコードをスマートフォンで読み込むとURLが表示される。「NFTを受け取る」というボタンを押すと、NFT受け取りフォームが表示されるので、メールアドレスと新規パスワードを登録する。メールで届いた6ケタの受け取り用のパスコードをNFT受け取りフォームに入力すればNFTを受け取れる。ブラウザー上でできるのでアプリをダウンロードする必要はない。

洋画のプロモーションでは初という来館促進企画は、通常版と体感型の4Dなどで映画を鑑賞した場合の特殊フォーマット版の2種類を用意した。2回見た人はスペシャルNFTがもらえるという企画。合計2万9350のNFTを配布する成果を上げたという。合計20万枚印刷したカードの1割強がNFTを獲得した。

「ノベルティーを配るほかのキャンペーンと比べても獲得率は高い。映画の来館促進では通常ならポスターなど紙の配布物を配ることが多いが、その代わりにNFTを活用できる可能性を十分に感じさせる内容だった」と担当者は評価する。キャンペーンとしては既存のものと比べても割安

に利用できるという。

　トランスフォーマー／ビースト覚醒で配布されたNFTでは「Meta Mask（メタマスク）」などの従来のウォレットは使わない。使い方が複雑で、一般の人には分かりにくいことがNFT利活用の課題の一つにもなっていたからだ。「配布したNFTの所有者には、次回映画の来場促進のプロモーションも実施できる。持っている人には何かを安く販売するといったことができるのもNFTのメリット」とJCBIの伊藤佑介代表理事。誰でも簡単に受け取れればNFTのデータを保有する人も増える。Cocolletは、データマーケティング的な活用も視野に入ったソリューションだという。

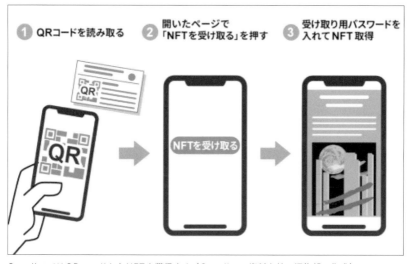

CocolletではQRコードからNFTを獲得する（Cocolletの資料を基に編集部で作成）

　ブラウザーを活用して広くNFTを獲得してもらうため、利用者から見ると不便な点もある。再度、NFTを見たい場合は、QRコードをもう一度読み込むか、NFTを獲得したページをブックマークなどに登録して再度アクセスするしかない。

　そこで連携させたのがJCBIのウォレットアプリNFT Shelf。獲得した様々なNFTをまとめて見られるウォレットアプリだ。トランスフォーマーの来場者特典NFTも、メールで送られてくる秘密鍵というコードをコピーすることで、NFT Shelf上でいつでも見られるようにした。JCBIの伊藤氏は「他社で発行したNFTでも管理できるのがアプリのポイント。ただ、まだNFTを表示するための秘密鍵の入力が必要なので今後解決したい」と話す。

■　NFTのビジネス課題解決を進めるJCBI

　NFT Shelfを使うと、保有しているNFTを棚のように並べて閲覧できる。Sanpō Blockchainの規格に沿ったNFTが対象だが、様々な会社が発行したNFTを並べて見られるウォレットアプリのような機能を果たす。自分のNFTを友人に送ってプレゼントできる機能もある。Sanpō Blockchainはこうしたときに発生するガス代（手数料）がかからない仕様。そのため利用者は自由にNFTを送りあえるという。

スマホで見るとこのようなイメージ
©2023 Paramount Pictures.Hasbro, Transformers and all related characters are trademarks of Hasbro.©2023 Hasbro.

そして大きなメリットの一つが、NFTを提供した事業者がサービスを終了した場合でもNFTを管理できること。NFT事業関連では、フリマアプリのメルカリが23年9月、プロ野球パ・リーグ6球団のプレー動画を販売するサービスを24年3月31日で終了すると発表した。NFT ShelfはNFT事業者がサービスを止めてもNFTを保有し続けられることを想定して開発を続けている。

　JCBIはブロックチェーンを活用したNFTの様々な取り組みに関わる。現在のNFTビジネスの課題は大きく以下の5つだと伊藤氏は指摘する。これを解決するための取り組みを進める。

（1）NFTの獲得にかかる「ガス代」

　ブロックチェーンの手数料であるガス代がビジネスの足かせになる。これが不要な環境をつくる

（2）NFTの保有環境の整備

　NFTを発行するサービスがなくなっても、NFTを保有できる環境を整えること

（3）簡単に活用できる仕組みづくり

　秘密鍵など複雑なコードを使わずに、NFTを活用できるようにすること

（4）NFTの画像データを保存する場所の確保

　NFTでもデジタルデータがブロックチェーン上にないケースもある。IPFS（分散型のファイルシステム）というパブリックストレージなどに保存する仕組みをつくる

（5）著作権保護機能の実装

権利が守られる著作権保護の仕組み。権利を持っていなければ見られないような仕組みを構築する

「こうした課題を解決したあとで、普通のビジネスで利用できるようになる」と語る伊藤氏。「技術として役に立つものを作れば、そこから社会実装が起こる」と見る。

伊藤氏は「NFTは、特に海外向けのコンテンツの直販などに向いているのではないか」とその可能性を指摘する。日本のコンテンツの海外展開は政府が進める大きなテーマの一つでもある。NFTを使って海外にリーチし、NFT保有者へのマーケティングも実施できれば、海外展開を加速するエンジンとして機能する可能性もありそうだ。

■NFT活用のポイント

- **誰でも獲得しやすくしてマーケティングに活用**
  簡単にNFTを獲得できるようにして、マーケティング施策に活用できるようにする
- **様々なNFTを管理できる仕組みの提供**
  簡単に利用できるウォレットを開発して、保有NFTを一覧できるようにする
- **ビジネス利用の課題を一つずつクリア**
  社会実装に必要な課題を洗い出し、一つずつ解決に取り組む

（写真／吾妻 拓）**T**

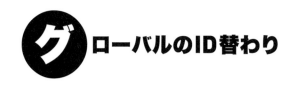

MetaTokyoが進めた メタバース空間のNFT活用

　メタバース（仮想空間）の「Decentraland（ディセントラランド）」上に「MetaTokyo」という空間をつくり、NFT（非代替性トークン）の活用を進めてきたのがMetaTokyo（東京・渋谷）。きゃりーぱみゅぱみゅさんらが所属するアソビシステム（東京・渋谷）とWeb3関連事業のFracton Ventures（東京・品川）、エンターテインメント関連のコンサルティングのParadeAll（東京・中野）が設立した会社だ。

MetaTokyoで活用するために200点ほど販売した「MetaTokyo Pass」

　「MetaTokyoの建物がDecentralandで名所化している」と話すのはMetaTokyoの鈴木貴歩CEO（最高経営責任者）。2023年5月に米MTVと米TIME誌が共同で開いたイベントにも活用された。Decentraland

では、コミュニティー主導の様々なイベントが開催されており参加・交流できるのが特徴だ。同社はこのMetaTokyoをベースにNFT活用を進めてきた。

23年3月にDecentralandで開催された「メタバース・ファッションウィーク2023」には、22年に続き2回目の参画。アソビシステム所属のユニット「AMIAYA」とコラボしたアバター向けのTシャツやウィッグ、サングラスなどを配布した。

これを実施、配布するために活用したのが、21年の11月に販売した「MetaTokyo Pass」だ。当時日本円換算で1万5000円程度で200点ほどを販売した。

「イベントなどへの参加者をNFTなどに限定するトークンゲーティングをするためにNFTをつくった」と話す鈴木氏。所有している人がMetaTokyoのイベントに参加したりする入場チケットのような活用ができる「住民票のようだと言っている」(鈴木氏)。ファッションウィークではこのNFTを持っている200人に対して「Tシャツ、ウィッグ、サングラスなどの新たなNFTをエアドロップした」(鈴木氏)。コミュニティーアプリ「Discord(ディスコード)」やX(旧Twitter)で告知して無料でウォレットに配布したのだ。

■ NFTはグローバルなマーケ活用にも向いている

ここにNFTのビジネス活用のヒントが隠されている。23年10月時点で、MetaTokyo Passは2次流通でしか買えない。しかしMetaTokyo Passを持っている200人にはいつでもアクセスできる。MetaTokyoは、所有者のIDや名前などの情報は持っていない。

MetaTokyo Passを持っている200人の情報はブロックチェーン（分散型台帳）上で管理されているため自社で管理する必要はない。「例えば自社サービスの会員でもないライトな層に対して、プロモーションを実施したりするのに向いている」（鈴木氏）。NFTを配布しておけば、自社商品、サービス、コンテンツのファンに、数年後にアプローチすることもできる。

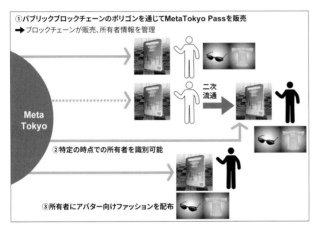

MetaTokyo Passの活用イメージ。MetaTokyoの提供資料を基に作成

　そして、それがグローバルに実施できるのが大きなメリット。MetaTokyoが22年11月にDecentralandで開催したアイドルグループ「FRUITS ZIPPER」他が出演したライブステージには延べ2万人がアクセスしたが、101の国と地域からのアクセスがあったという。

　鈴木氏は「国境がないメタバースでNFTを活用することで、グローバルなプロモーションが可能」と話す。きゃりーぱみゅぱみゅが米国の音楽フェス「Coachella 2022」に出演したときは、キャラクターMetaaniとコラボしたNFTを踊らせた。

米MTVと米TIME誌の共同イベント時のMetaTokyoの様子

　「MetaTokyoは、リアルとメタバースの両方を活用したマルチバース・エンタテイメント・スタジオ」と鈴木氏。23年10月3日に開催された東京都が主催するピッチイベント「UPGRADE with TOKYO 第31回『子供から大人までが気軽にクリエイティブを体験できるコンテンツ』」では、リアル×メタバースを連係する企画を提案した。簡単に参加できるクリエイティブイベントを開催してデジタルファッションを作り、NFT化する。これをメタバースで配布するというものだ。今後、東京都と協議をしながら企画実現に向けて動くという。

■NFT活用のポイント

・NFTを入場券のように利用する

　メタバース空間で入れるエリアを所有NFTで振り分けることも可能

・容易なグローバル展開

　メタバース内のイベントは最初からグローバルが舞台。グローバル展開を視野に入れた商品、サービスでの利用に向く

・リアルとの組み合わせにも活路

　メタバースだけなく、リアルイベントとの組み合わせで新たな価値を創出する

（画像提供／MetaTokyo）**T**

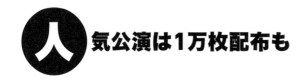

ローチケが拡大する
NFT特典付きチケット

　ローソンチケット（ローチケ）を運営するローソンエンタテインメント（東京・品川）が、コンサートなどのチケットと連動したNFT（非代替性トークン）施策を拡大している。2022年6月から始めた「ローチケNFT」の実績がこれまでに100案件ほどとなったサービスは、チケットを購入してイベントに参加した人の記念となるものを提供することを狙って始めた。

　ローチケNFTは、ローソンチケットで扱っているコンサートやスポーツ、演劇といったイベントのチケットと連動させたNFTだ。購入した座席情報やアーティストのオフショット、イベント終了後の写真などを入れた記念NFTをチケット購入者に配布できる。チケット購入者にはNFTを獲得できるページのURLを送り取得してもらう。ブロックチェーン（分散型台帳）は「Polygon（ポリゴン）」を使っており、「MetaMask（メタマスク）」などのウォレットを活用して受け取る仕組みだ。

チケットの半券のように残せる
記念品としてのNFT

　チケット購入者に対して無料で配布するパターンと、NFT分を価格に上乗せして販売するパターンがある。ローチケはNFTマーケットプレイスを運営するSBINFT（東京・港）と組み、22年12月、イベント会場で受け取ったQRコードからNFTを受け取れる仕組みも実装した。

　ローチケNFTは、チケットそのものをNFT化するのではない。紙

のチケットの半券のように、デジタルで半永久的に残せる記念品として
NFTを活用する。

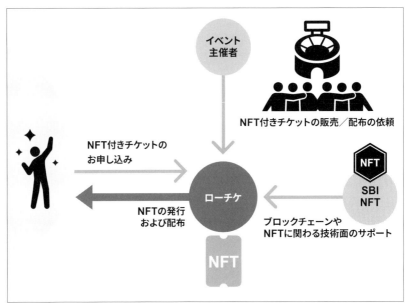

ローチケNFTサービスに関する事業概要図（ローソンエンタテインメント提供の資料を基に編集部
で作成）

　人気だった実例の一つが、元東方神起のメンバーJ-JUN（ジェジュン）
さんのコンサートで配布したNFTだ。23年1月までに開催されたコン
サートのアリーナ前方席であるJJシート（2万7500円、一般指定席は1
万2100円）の購入者にオリジナルビジュアルが付いたNFTを約1万枚
発行した。

　野外ライブイベントの朝霧JAMでもNFT特典付きの2日間通しチケ
ットを2万1000円（通常は1万9800円）で販売した。

朝霧JAMのチケットに付けたNFT特典のサンプル

　想定していなかった案件も飛び込んだ。ブロックチェーンなどの先端テクノロジーをライブイベントで活用すると補助金がでる。これを念頭に置いたNFT活用のトライアルなどもあったという。

チケットはNFTと相性がいいが
大型イベントでは尚早

「購入したことを証明しイベントに入場できるチケットは、唯一無二を証明でき、改ざんが困難なNFTととても相性がいい」と話すのはローソンエンタテインメントのライブエンタメグループマーケティング本部マーケティング事業部新規事業開発部部長である鈴木崇氏。新型コロナウイルス禍でライブやイベントが大きく減った。デジタルで何かできないかと考えていたときにライブ配信をするようになり、VR（仮想現実）やバーチャル展示会なども検討して実施した。

鈴木氏は「そんなとき話題になったのがNFTだった」と振り返る。チケットとは相性が良さそうだし、チケットそのものをNFT化すると転売防止抑制にもつながるのではと考えたが、ブロックチェーンやNFTを来場者全員に利用してもらうのはハードルが高い。そこで、チケットをNFT化するのではなく、まずは購入者の記念となるものを提供することにした。

チケットにはすでにスマートフォンなどで入場ができる電子チケットがある。チケットそのものをNFT化すればそれに対応したシステムを作らなくてはいけないが、今、興行側の全員が高いニーズを持っているかといえば、そうでもない。単にチケットとして活用するのであれば、電子チケットで十分。NFTそのものをチケットにしてしまうと、専用の入場ゲートを必要とするなど、会場側の設備や運用面も考慮する必要がある。まだ大規模なイベントのチケットとして使うには様々な課題がある。

ローソンエンタテインメントが狙うのは、他のチケット事業者との差異化だ。

ローソンチケットはチケットと関連したNFT施策を拡大している

イベント関連のNFT販売も開始
マーケ活用も視野に

　23年12月には、SBINFT MarketでNFTを販売できるようにする。「主催者の中にはNFTだけを単独で販売したいという声もあった」（鈴木氏）ためだ。舞台の役者の肖像や、アーティストが描いたイラストなど、イベントと関連するNFTをチケットとは別に販売する。

　SBINFTが開始するNFTプロジェクトの総合支援サービスである「SBINFT Mits」も活用し、NFT付きチケットを購入した人に次回イベントの案内をするといったマーケティング活用なども視野に入れる。ただ、現在は「ファンクラブでの先行販売などもあり、NFT所有者だけに特別なオファーをするなどの需要はまだ高くはない」と鈴木氏。NFTを持っている人だけが見られる映像を用意するといった特典も考えられるが、「既存のファンクラブ会員、一般の人向けのサービスなどと差異化

してメリットがあるかは未知数」と鈴木氏は見る。

　しかし、Web3をベースとしたNFTの活用は今後進む可能性がある。チケット現物のNFT化の準備も進めているという。

　「大型の会場では、公演日の数日前に席番が決まることがある。NFTで同様のことをやろうとすると大量の処理をこなせる設備が必要になる。なぜ紙でも電子でもなくNFTなのかを明らかにしながら、我々がどこまでやるかを考えなくてはいけない」と鈴木氏。こうした準備をしながら進めるNFT活用。「機能を備えておくことは、チケット販売の案件獲得の武器になる」（鈴木氏）と見て、新たな時代の到来に備える。

■NFT活用のポイント

・**NFT活用への早めの着手**
22年3月、いち早く着手したことで認知され利用された

・**投機的ではないNFTの活用に賛同が得られた**
開始のタイミングが早かったが、NFTを実ビジネスベースで活用することに社内外の賛同が得られた

・**イベント主催者のチャレンジ**
新しい取り組みに挑戦したいと考えるイベント主催者がいたため、機能として備える必要があった

（画像提供／ローソンエンタテインメント）

NFT活用を広げるレコチョク 新たな音楽体験の創出目指す

　音楽配信のレコチョク（東京・渋谷）がNFT（非代替性トークン）の活用で実績を重ねている。2023年3月、音楽ライブやイベントのチケットをNFT化するソリューション「レコチョクチケット」の提供を開始、同9月からはNFTをキーにしてデジタルコンテンツを楽しめる「レコチョクブックレット」の提供も始めた。Web3時代の到来に向け、新しい音楽体験の創出を目指している。

　「レコチョクチケット」は、チケットそのものをNFT化できるソリューションだ。チケットの発券や販売、入場管理から顧客管理まですべて担えるのが特徴。利用者はスマホ内のQRコードをかざして入場する仕組みだ。

　その第1弾として使われたのが俳優で脚本家の宅間孝行さんのプロジェクトである「タクラボ」の第1回公演『神様お願い』だ。23年5月に開催された公演では、すべてのチケットにレコチョクチケットを採用した。東京と大阪で計14回の公演のチケットがすべてNFTだった。

　「レコチョクチケットなら、入場したあとに持っている人たちが特別な体験ができる」と語るのは、レコチョクの次世代ビジネス推進部AIweb3開発グループ兼次世代企画グループエンジニアリングマネージャーの横田直也氏。NFTを動的に変化させることができる「ダイナミックNFT」という技術を使っており、入場後にチケットの券面が切り替わる。これで紙のチケットなら半券をもぎったような状態になるというわけだ。

タクラボの23年5月の公演では、レコチョクチケットが採用された

　このNFTをキーにすると、NFTの所有者に向けて特別な体験を提供することも可能。例えば終演後に出演者がメッセージ動画を公開したり、プレゼント企画を実施したりできる。こうしたNFTならではの使い方で、来場者とのコミュニケーションを深められるのが大きな特徴。改ざんできないので不正な偽造や転売も難しくなる。友達の分を一緒に買った人がチケットを分配できる仕組みも持っている。その後音楽ライブでも使われた。

　レコチョクチケットは、同社が提供するECソリューション「murket（ミューケット）」で発行から販売・管理まで利用できる。音楽会社やアーティスト事務所などが直販サイトを構築でき、NFTも販売することができるソリューションサービスでは23年10月時点で30社以上がストアを開設しているという。レコチョクチケットもmurketを通じて利用できるようにした。

レコチョクチケット（NFT）ではチケットが思い出になる。所有者限定の体験もできる

■ NFTとしての付加価値とは？ マーケ活用を模索

　レコチョクがブロックチェーン（分散型台帳）事業を始めたのは22年の1月。ソロシンガーの「CAIKI」の活動風景や動画、オフショットなど200以上が閲覧可能なNFTコンテンツを数量限定で販売したのが最初だ。レコチョクでシステム部門や次世代ビジネス推進部を担当する執行役員の松嶋陽太氏は「ブロックチェーンの研究は以前からしていたが、米国の『NBA Top Shot』が話題となった頃からNFTの活用を考えた。NFTを持つことでファンコミュニティー的な使い方ができるのではと取り組みを進めた」と振り返る。

　こうしてリリースしたmurketのNFT販売プラットフォームだったが、「そこで販売されるデジタルコンテンツはNFTである必要があるのか」（松嶋氏）という壁にぶち当たった。

　NFTを持つことでファンが喜ぶ可能性はあるが、NFTならではの体験価値とはどういうことなのか――。

　NFTの特徴を生かし、デジタルコンテンツを2次流通できればNFTである意味がでてくる。しかしまだそれには消極的な考え方の人も多い。今、それができないなら、既存のデジタルコンテンツやファンクラブなどと何が違うのか。

「NFTとしての付加価値をつけるのが重要」（松嶋氏）

　こうした課題を解消できるのではと考えたのがマーケティングでの活用だった。無料でNFTを配ることでプロモーションに活用できると考えた。「NFTは無料で配ることで、持っている人に何か価値を提供したり、属性に応じてマーケティングに活用したりできる」（松嶋氏）。今取り組んでいるのはこうした文脈での取り組みだ。

　無料NFTは22年10月、元大関・琴奨菊の秀ノ山親方の「琴奨菊引退秀ノ山襲名披露大相撲」で配ったほか、音楽ライブなどでも配布した。QRコードを記載したビラを配り、QRコードからNFTを取得できる。

NFT購入で画像や冊子が見られる
レコチョクブックレット

　こうしたマーケティングでの活用に加えて、23年に取り組みを強化したのが「ものとして価値があるものをNFTに置き換えること」（松嶋氏）。紙のチケットの半券が記念になるように、スマホで保有するレコチョクチケットもその一つ。そして、CDなどの音楽パッケージをNFTに置き換えるトライも始めた。

それが23年9月に始めた「レコチョクブックレット」だ。画像や冊子データなどのコンテンツをNFTを購入することで見られるようになる。音楽視聴はストリーミングのサブスクリプション（定額課金）サービスなどでの利用が進む。こうした時代にCDやDVDなどのディスクに入っていたブックレットのような楽しみをNFTで提供しようというものだ。

　例えば声優で歌手の三森すずこさんは、実際のCDの歌詞カードをそのままデータ化したブックレットと一緒に音楽が楽しめる商品を5タイトル販売している。「デジジャケ」と呼ぶこの商品は23年6月24日〜24年3月31日の期間限定でポニーキャニオン（東京・港）が発売した。

三森すずこさんの「デジジャケ」のイメージ写真。歌詞カードも楽しめる

　こうして進めるNFT事業だが、課題も少なくない。チケットはNFTと相性がいいが、「多くの人数をさばこうとすると入場のときに処理が重くなったりする」（横田氏）。ブックレットなど新たな用途も開発したが、最も重要なのは「なぜNFTなのかということ」（松嶋氏）。NFTを使って所有する感覚を持たせられないか、アーティストのプロモーションとしてどう活用していくのがいいのか、自問自答しながら進めていると言

う松嶋氏。「将来的にはメタバースと連携することでNFT活用シーンが大きく広がる」と見ている。

「大事なのは継続的な取り組み」とも話す松嶋氏。NFTの活用では1回のトライで成果を上げられるかというと難しい。長く継続することによって、所有者を増やすことでマーケティングでの活用など広く利用できるようになる。

NFTチケットの第1弾公演を実施した「タクラボ」は、24年初頭に実施する東京公演第2弾、第3弾でもレコチョクチケットを採用する。こうした取り組みを積み重ねながら、レコチョクはWeb3時代に備える。

■NFT活用のポイント

- **ファン向け活用**
  無料NFTを配ることで次のプロモーションなどに利用する
- **形あるものをNFTで残す**
  CDパッケージやチケットなど形のあるものをNFT化することでデジタルで所有する新たな価値を生む
- **新たな体験の創出**
  NFTを活用することで、音楽ストリーミング時代の新たな音楽体験の創出を目指す

（画像提供／レコチョク、ポニーキャニオン）Ⓣ

トークン発行型
クラウドファンディングのフィナンシェ

IP創造プロジェクトで
日本発のコンテンツを世界へ

トークン発行型クラウドファンディング事業を手掛けるフィナンシェ（東京・渋谷）が、新たなIP（知的財産）を創造するプロジェクトを進めている。Web3やNFT（非代替性トークン）などの活用で資金を集めてコミュニティーをつくり、漫画と映画の制作を進めている。國光宏尚CEO（最高経営責任者）らに話を聞いた。

「Web3、NFTの力を使って、日本発のコンテンツを世界で大ヒットさせてみたい」と語るのは、トークン発行型クラウドファンディング事業を手掛けるフィナンシェの國光宏尚CEOだ。『SPEC』の堤幸彦監督、『踊る大捜査線』の本広克行監督、『ストロベリーナイト』の佐藤祐市監督の3人が中心となって、IPを創造するプロジェクト「SUPER SAPIENSS（スーパーサピエンス）」を進める。簡単に言えば、フィナンシェを通じて資金を募り、コミュニティーと一緒に独自IPをつくって世界に発信するプロジェクトだ。

　企画プロデューサーは、ドラマ・映画プロデューサーの森谷雄氏が務める。スマートフォンで読む縦型漫画のWEBTOON（ウェブトゥーン）と実写映画を同時進行で作っているのが大きな特徴のプロジェクト。「WEBTOONでは2023年10月22日、漫画『キラー・ゴールドフィッシュ』を配信して、LINEマンガの『新着』カテゴリ（総合）で1位になった」と森谷氏。これは「宇宙兄弟」「ドラゴン桜」などを手がけた編集者の佐渡島庸平が設立したコルク（東京・渋谷）のコルクスタジオが制作したものだ。

「キラー・ゴールドフィッシュ」は23年10月にLINEマンガで配信された

制作過程も見せていくプロジェクト。白黒から段階的にキービジュアルに色が塗られる過程も公開した

　プロジェクトの発表は22年1月19日。フィナンシェでトークン発行型クラウドファンディングを実施し「SUPER SAPIENSSトークン」で合計5174万円、その8カ月後、SUPER SAPIENSSのコミュニティーが大きくなってきたタイミングに実施したNFT販売で205ETH（暗号資産のイーサリアム、23年11月時点で約6300万円相当）、合計約1億円

以上の資金を集めた。トークンを持つ人が約2000人、NFTを持つ人が約1000人、SNSには約2万8000人。こうしたコミュニティーを通じて世界に発信するIPづくりを進めている。

「21年の『ええじゃないか とよはし映画祭2021』で3監督と映画とテレビの未来についてのカンファレンスを実施したときに、著名な3監督ですら本当に作りたい作品を作れていないことが分かった」と語る森谷氏。現在映画など映像制作の主流である製作委員会方式を使わずに、クリエイターファーストのIPを生み出す仕組みづくりができないかと國光氏に相談したところから新たな試みは始まった。21年夏のことだ。

■ スポーツ100チーム、100人超のクリエイターが利用

フィナンシェはブロックチェーン（分散型台帳）ゲームを開発するMint Town（ミントタウン、東京・千代田）のCEOでもある國光氏が 19年に設立した。トークン発行型の次世代型クラウドファンディングを運営する。21年1月にサッカーJ1の湘南ベルマーレがクラブトークン（湘南ベルマーレトークン）を発行して話題となった。支援者は、トークン数に応じてコミュニティー内の投票権をもらったり、特典に応募できたりする。2次流通マーケットでの売買も可能だ。

フィナンシェは、こうしたトークン型ファンディングをこれまでに約100のスポーツチームで実施した。100人を超えるクリエイターらも利用している。23年10月時点で200件以上のコミュニティーが稼働しているという。

活動中のコミュニティーを、活動実績によってランキング化して、貢献度合いに応じて暗号資産（仮想通貨）の「フィナンシェ・トークン（FNCT）」を分配する仕組みもある。

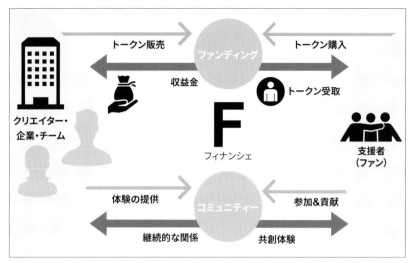

フィナンシェの仕組み。資金を募り、コミュニティーと一緒にプロジェクトを進める

　SUPER SAPIENSSはトークンやNFTを活用して資金を集めて、新たなコンテンツ作りの方法を模索する。森谷氏が「共犯者」と呼ぶトークン保有者はいわば一緒に作品を作るパートナー的な立ち位置。映画を作るプロセスもコミュニティーに参加するサポーターに共有しながらプロジェクトを進めている。

　堤幸彦監督が撮影し、22年10月に公開したSUPER SAPIENSSの最初の映像作品である約15分の『SUPER SAPIENSS THE BEGINNING』では、キャストがトークン保有者からオーディションで選ばれた。「ハロートークンと呼んでいて、860トークン以上持っている人はオーディションなどに参加できるようにした」（森谷氏）

　映画の撮影にもサポーターたちがスタッフとして参加した。『SUPER SAPIENSS THE BEGINNING』の特別上映会もサポーター主導で実施された。プロジェクト内では、次世代クリエイター発掘のための講

座なども実施している。すでに堤幸彦監督が撮影し終えた長編映画『キラー・ゴールドフィッシュ』も共犯者参加型で作られている。

■ 参加意識を高めるNFT、作品に登場も！

　NFTは参加意識を高めるという意味でコミュニティーの活性化につながっている。SUPER SAPIENSSで販売したNFTは、キャラクターの絵柄が入ったものだ。その唯一無二のキャラクターは、漫画や映画の中にも登場する。自分が持っているキャラクターが作品に登場することで、プロジェクトへの参加意識が高まる。

　「コミュニティーに参加してくれる動機は大きく3つある。1つ目は今までのクラファンなどと同じで、好きだから応援する。2つ目は、株式に近い形でちょっともうかりそうと思って買う人。3つ目は、NFTやトークンを買うことで、自分もプロジェクトに参加して一緒に盛り上げていきたいという人。この3つの動機を持つ人が重なりながらコミュニティーを形成しているのが、これまでとの大きな違い」（國光氏）

　森谷氏はクリエイティブの側面からNFTの可能性をこう分析する。「世界に1個しかないものを自分が持っていて、それが作品に登場するのは、すごくわくわくする要素だと思う。NFTなど触ったこともない人たちがSUPER SAPIENSSのコミュニティーのためならやってみます、と言って買ってくれた。NFTを発行したことは、一般の人たちが、Web3を活用したコミュニティーに参加し、クリエーションに参加することの良い入り口になっていると感じた」

　SUPER SAPIENSSでは24年、堤監督の映画『キラー・ゴールドフィッシュ』を、様々な映画祭に出品し、海外展開から先行し、24年秋以

降に日本で公開することを目指している。本広克行監督、佐藤祐市監督も作品作りを進めているところだ。フィナンシェで得た資金と他の資金調達とのハイブリッドで進めたいという森谷氏。Web3を活用した、新たなコンテンツ作りが続く。

『キラー・ゴールドフィッシュ』は映画も完成し、映画際への出品を始める。主演俳優はオーディションで選ばれた岡エリカさん

■NFT活用のポイント

・**NFTの販売をコンテンツ制作の資金に活用**

　キャラクターのNFTを販売して、コンテンツ制作の資金にも活用

・**NFTキャラが作品に登場する参加感**

　販売したNFTのキャラクターが漫画や映画などに登場することで、参加感が増す

・**Web3への入り口としての動線**

　好きなコミュニティーに参加するためなら、NFTを買う手間も惜しまない。Web3に触れる動線として有効

（画像提供／フィナンシェ）🅣

IDOL3.0 PROJECTは
Web3活用で資金調達

　　Web3（ウェブスリー）を活用したアイドルのオーディションから、新アイドルグループが誕生した。秋元康氏の総合プロデュースで2023年12月にデビューした。「IDOL3.0 PROJECT」はNFT（非代替性トークン）も活用しながら進んだ。

　「グループ名は『WHITE SCORPION（ホワイト スコーピオン）』です」──。2023年10月7日、新たなアイドルグループの名前が発表された。同年12月7日にKING RECORDSから配信シングル「眼差しSniper」でデビューした。23年4月からメンバー募集を開始、約1万人からオーディションで選ばれた11人が、秋元康氏の総合プロデュースで活動する。AKB48、乃木坂46、日向坂46、櫻坂46といった人気アイドルグループを育てたスタッフが運営メンバーという。

2023年10月7日にメンバーが決まった「WHITE SCORPION（ホワイト スコーピオン）」

このグループがこれまでのアイドルグループと異なるのはWeb3を活用してプロジェクトを進めている点だ。「ブロックチェーン（分散型台帳）技術とメタバース（仮想空間）を利用した活動領域の拡大」をミッションとして、世界に向けて発信する新しい女性アイドルグループという位置付け。「IDOL3.0 PROJECT」というプロジェクト名で、22年3月に設立されたエンターテインメント企画・制作会社のオーバース（東京・千代田）が進めている。

大きな特徴の一つがプロジェクトを進めるための資金調達方法が新しいことだ。「プロジェクトの推進資金を新規の暗号資産（仮想通貨）を発行して調達したところがポイント」とオーバース取締役副社長CFO（最高財務責任者）の澤昭人氏。IEO（Initial Exchange Offering）という手段で、約10億円の資金を集めた。

事業や企画の趣旨に賛同してもらい 応援してもらう

IEOは暗号資産交換所で取引することを前提として暗号資産を発行し募集する。オーバースが23年3～4月に、暗号資産交換所を持つcoinbook（東京・港）やDMM Bitcoin（東京・中央）を通じて、暗号資産「Nippon Idol Token（NIDT）」のIEOを実施した。

IEOは国内で4番目（23年11月時点）の実施。21年の5月に整った仕組みで、「暗号資産交換業者や日本暗号資産取引業協会（JVCEA）および金融当局の厳しい審査を経るため実施までに時間がかかる」とオーバース代表取締役の佐藤義仁氏。「半年くらいかかった」と振り返る。

事業や企画の趣旨に賛同してもらい、これを応援してもらうための資

金調達方法で、プロジェクトごとに実施できる。「いずれは、ビットコインなどの暗号資産と同様に、商品・サービスの決済にも利用可能とする予定。主たる性格としては、持っているとプロジェクト内で様々な権利が付与されるユーティリティートークン」と佐藤氏。23年3月29日〜4月19日の申し込み期間を経て抽選販売をする予定だったが、今回は全員がNIDTを購入できた。保有者は9000人弱という。

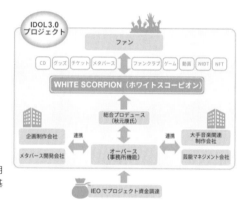

IDOL3.0プロジェクトではWeb3も活用して海外を狙う（オーバースの資料を基に編集部で作成）

■ NIDT所有者に与えられる投票権、イベント参加権

　NIDTを持っている人には、一定の権利が付与される。IEOでの購入を申し込んだ全員が、メンバー候補生の選出投票権を持ち、オーディションのファイナルステージ進出者お披露目イベントへの参加権がもらえた。メンバーの最終決定までの投票はNIDTを持っていない一般の人でもできるオーディション企画だったが、NIDTを持っている人は、一般の人より多く投票する権利が持てた。

　NIDTの保有口数によって「NIDT IEO申込者限定メンバー候補生決定最終投票」の票数を決めた。ファイナルステージの通過者29人のう

ち11人に絞る投票は運営が一切関与せず、NIDTを持つ人の投票で決まったという。23年9月24日午後6時〜9月30日午後5時59分までの総投票数は80万2322票だった。

　NIDTは当初5円で販売されており、1000NIDTで1口という計算になる。23年11月7日時点でNIDTのレートはcoinbookで70.5円だ。

　NIDTを持っているとNFTも付与される。メンバーが決まったときにメンバーの顔写真などが入ったデータがもらえる権利だ。23年11〜12月にかけて付与された。

　23年10月までにNFT付与の権利を7回配った。うち一つがIEOでNIDTを50口以上申し込んだ人向けの「レジェンダリーNFT（LEGENDARY NFT）」と称するNFTをもらえる権利だ。

配布されたレジェンダリーNFT（センターのHANNA）とメンバー全員が入った「スペシャルNFT」

　シリアルナンバー付きで、画像はメンバー決定後にメンバーの写真になる。50口ごとに1種類が付与され、20種類の中からNFTを選んでもらうようにした。1000口でコンプリートできる。このNFTはSBT（ソ

ウルバウンドトークン）と呼ばれるもので、他人に譲渡などはできない。

「新しいグループを最初から推していることの証明になる。今後はデジタルグッズなどの有償NFTの発行も計画している。ブロックチェーンはPolygon（ポリゴン）かAstar Network（アスターネットワーク）を活用する予定」（澤氏）と言う。

　IEOなどで協力しているcoinbookも、イベントと連動して無料NFTを配っている。プロジェクトの宣伝を目的としたものだ。招待状のNFTやオーディションメンバーのゼッケンをNFT化したものなどを配った。オーディション期間中114人にメンバーが絞られたときには114種類のNFTを配った。その中から1つだけ選べる。

　つまり「推しを決めてねという趣旨のNFTだった」とcoinbook執行役員CAO（最高総務責任者）兼CCO（最高コンプライアンス責任者）の奥秋淳氏。10月の最終合格者発表まで6回、NFTを無償配布した。coinbookは、NFTが国内で広がり始めた当初に、アイドルグループSKE48のNFTトレーディングカードを発行して話題になった実績を持つ。

■ 23年12月デビュー、目指すは世界　メタバース活用も

　こうしてNFTも活用しながら進むプロジェクト。IEOという新たな手段の活用は「事業計画、内部統制、管理規定、ブロックチェーンは安全か、事業の実現可能性などの審査があり、簡単ではなかった」と澤氏。IEO後は、3カ月ごとに事業の進行状況などを開示しなくてはならない。澤氏は公認会計士であり佐藤氏は証券会社出身だ。IEOでは当初15億円集める事業計画だったが、集まった金額に応じて計画の一部を変更したという。

Web3を活用しながら進めるアイドルグループ「WHITE SCORPION」の育成。佐藤氏は「将来的には、メタバースでも活動するグループも含めて複数のアイドルグループを育てたい」と話す。WHITE SCORPIONのファンクラブサイトは23年10月7日に開設しており、所有しているNFTなどをその中で見られるようにする予定だ。

23年12月7日に配信シングルデビュー、その後ファーストライブを開催したあと、24年の早い時期にメタバースの活用を開始。25年1月以降に海外展開をする計画だ。

WHITE SCORPIONのメンバーは、23年10月7日の発表会で「世界で活躍できるグループになりたい」と語った。国境のないメタバースも活用して世界を目指すアイドルグループ。メタバースではNFTの活用も見込まれる。グループを応援した証しとしてのNFTは、唯一無二の特性が生きる活用法の一つと言えそうだ。

■NFT活用のポイント

・SBTの活用で推し活の証明としての唯一無二を証明
メンバーが決まる前からNFTを発行することで、ゼロから応援していることを証明できるようにする

・特別感のあるNFTの発行
特定の人しか入手できないNFTを発行し、熱心な応援の証しに

・イベントごとにNFTを発行するマーケティング活用
coinbookと組み、イベントごとにNFTを無償配布してプロジェクトの宣伝活用に活用

（写真提供／オーバース）**T**

ビクターエンタテインメントのNFT施策

「ヤングスキニー」で有料NFTも追加プロモーションに高コスパ

JVCケンウッド・ビクターエンタテインメント（以下、ビクターエンタテインメント、東京・渋谷）がNFT（非代替性トークン）の活用を進めている。2023年10月25日、10〜20代に人気の4人組ロックバンド、ヤングスキニーのライブやドキュメンタリー映像を収めたNFTを1650円（税込み）で発売した。ヤングスキニーは23年3月のフリーライブから記念となるNFTの配布を始めて有料NFTの販売につなげた。

有料で販売するヤングスキニーのNFT「ヤングスキニー Live & Documentary（2023.01.20 - 2023.04.27）」には4つの映像コンテンツが見られる権利が付与されている。23年9月27日に発売したメジャーファーストEP「どんなことにでも幸せを感じることができたなら」の初回限定盤DVDに収録されている約123分のライブ映像やドキュメンタリー映像などだ。23年9月に発売したEPの売り伸ばし施策ではあるが、ビクターエンタテインメントとして挑戦的な試み。24年3月31日までの限定販売とした。

「音楽CDにBlu-rayやDVDを付ける代わりに、NFTで特典映像を付けるような活用が今後できないかと考えた」と語るのはビクターエンタテインメント制作本部1部 Alternativeグループ所属ヤングスキニー担当A&Rの青木琢也氏。最近若い世代には、CDはもちろん、Blu-rayやDVDのプレーヤーを持っていない人も増えてきた。薄型になったパソコンでも再生できる機種は減っているのが現状。そうした中で「デジタルの映像作品を届けるとどの程度見てもらえるのか」と青木氏。そして

こう続ける。

「CD自体がコアなリスナーに対するコンテンツになってきている実感がすごくある。だからこそ、ファンクラブに入るほどの超コアファンでなくて、もう少しライトな層にも聴いたり見たりしてもらえる手段は何か模索している」

「ヤングスキニー Live & Documentary（2023.01.20 – 2023.04.27）」（税込み1650円）

今後、CDでもDVDでもない、音楽コンテンツを買ってもらうためにNFTを使えないかと考えた。

「NFTは買い切りではなくて、購入してもらった後もどんどんコンテンツを付け加えることができる。コンテンツにファンクラブの要素が付いたようなもの」と青木氏。NFTを使えば、マーケティング施策にも活用できる新たなコンテンツが作れる可能性がある。

ヤングスキニーは若い
世代に人気のロックバ
ンド

■　デビュー後の無料ライブからNFTを活用

　ヤングスキニーは23年2月に配信でデビューしたバンド。NFTを活
用し始めたのはアルバムを出した23年3月。同15日に東京・代々木公園
の野外音楽堂で開催したフリーライブの参加者、先着5000人にNFT特
典付きのカード「いつかの引換券」を配布した。NFTにはフリーライ
ブへの道のりを記録したドキュメンタリー映像が入っており、スマート
フォンやPCで見られるようにした。

　「特典カードはメンバー4人がペンの色を変えて番号を手書きしたこと
で、『青色ください』とか『緑ください』といったファンも多く、エンタ
メ要素も盛り込んだ」(青木氏)。5000枚はライブが始まる前になくなり、
うち約19%にあたる945件がNFTを獲得した。ビクターエンタテイン
メントの経営企画部部長兼 新規事業準備室長である鵜殿高志氏によれば
「NFTとはうたわず、デジタルコンテンツとして告知した。同様の施策
では10%程度の取得率といわれているので、取得率は高かった。そのう

ち10代が587人、20代が320人だった」という。

ヤングスキニーのNFT施策はその後も続けた。23年3月22日には、ヤングスキニーのファーストアルバムを、音楽サブスクリプションサービスの自分のライブラリーに追加したらNFTを配布するキャンペーンを23年4月30日まで実施した。先着2000人にNFTを配布するもので、フリーライブに参加できなかった人への追加NFTという位置づけの施策だった。2000件のうち674件と取得率は約34％だったという。

23年5月10日にはビクターオンラインストア限定でヤングスキニーの「世界が僕を嫌いになっても」のレコーディングの模様を収めたドキュメンタリー映像を視聴できるNFTが取得できるカード入りのCDを発売した。

ビクターオンラインストアは、NFTの販売ができるレコチョクのECソリューションである「murket」を利用している。発行しているNFTはすべてこの仕組みを活用したものだ。ブロックチェーン（分散型台帳）は「Polygon（ポリゴン）」を採用している仕組みだ。

■ NFTは追加プロモーションに最適

一連のNFT施策。「NFTは、ちょうどファンクラブとSNSの間くらいの存在で、活用の仕方次第ではコスパが高い」とビクターエンタテインメントは分析する。

例えば最初のフリーライブに参加してNFTを獲得した人には、ライブツアーを開始した23年4月に、NFTの限定コンテンツを追加した。NFTを持っている人向けに、何度でも追加コンテンツを配信できるのがSNS

との大きな違い。

「無償取得した人に、後からコンテンツを付与できる。それ自体が追撃のプロモーションになるし、取得した人はうれしい。それによってまた聴いてみたくなり、ライブに行ってみたくなる。NFTは双方向のコミュニケーションやファン同士のコミュニティーもつくりやすいツール」（鵜殿氏）。有料のファンクラブに入っていない人にも、SNSではできなかったようなビジネス的な追加施策が可能というわけだ。

ヤングスキニーのNFT活用の流れ。無料ライブから有料の映像販売まで。すべて23年に実施

■ NFTはファンダムマーケにも活用できる

　ビクターエンタテインメントとしての最初の有料NFT施策は、23年3月に実施した。演歌歌謡曲のカテゴリーの女性歌手おかゆが購入者にジングル（短いメロディー）を制作するという内容。アーティスト本人と打ち合わせをして、SNSなどで自由に使えるジングルを販売するものだ。1万円で37点を販売した。

「ヤングスキニーの場合は、担当者がNFTに興味をもってリテラシーがあったので実施できた。NFTの活用にはまだ課題もあるが、ビジネスツールとしての可能性はある。ファン同士がコミュニケーションできるのがNFTやブロックチェーンの特徴でもある。そこまで利用されるようになると、強固なファンコミュニティーをつくれるし、ファンダムマーケティングにも活用できるようになる」。鵜殿氏は、NFTのビジネス活用についてこう説明する。

「音楽をCDで聴く人が減っている今は、我々がパラダイムシフトしないといけない。メディアにプロモート活動をして広めていくという方法とはちょっと違うやり方で、アーティストや楽曲が広がっていく形を、今っぽくつくりたい」（鵜殿氏）。ヤングスキニーのNFT施策はその試金石ともいえる取り組み。成功例が積み重ねられれば、他のアーティストにも活用が広がる可能性をもつ、大事な一歩でもある。

■NFT活用のポイント

・無料の特典カードでNFT配布
　手書きの数字を記入した特典カードにより限定感のあるNFT配布
・NFTに追加コンテンツを投入
　NFT保有者には、ドキュメンタリー映像・オフショット写真などを追加配信
・映像NFTの有料販売
　CDやDVDなどの従来の音楽商品のようにデジタルのみでコンテンツを配信

（写真提供／ビクターエンタテインメント）Ⓣ

フジテレビがアイドルフェスでNFT活用

TIFコミュニティ運営
3年目で見えたこと

フジテレビジョンが主催する大型アイドルイベント「TOKYO IDOL FESTIVAL」(TIF)では2021年から、イベントのコミュニティー内でのNFT(非代替性トークン)施策を続けてきた。オンラインチケットのNFT化や限定NFTなども用意して活用法を探ってきた。

会員数4万人──。フジテレビは「TIFコミュニティ」でNFTを活用した施策を続けている。TIFは2010年から毎年夏に開催されてきた。新型コロナウイルス禍前には8万8000人を集めた国内最大級のアイドルイベントだ。

©TOKYO IDOL FESTIVAL 2023

TIF 2023のグランド
フィナーレ集合写真

TIFでのNFT活用は21年から始まった。「コロナ禍で特典会などができなくなり受け皿を作ろうと思って始めた。NFTを使ってエンター

テインメントを考えていける場にしたい」とその狙いを語るのはフジテレビでTIFの総合プロデューサーを務める菊竹龍氏。オンラインコミュニティーを活性化するための手段の一つとしてNFTを活用した。TIFコミュニティを開発したのは、ソニーミュージックグループと、ブロックチェーン（分散型台帳）技術を使ったファンコミュニティーを提供するGaudiy（ガウディ、東京・渋谷）だ。

「らくがきちゃんねる」ではアイドルグループが書いた文字などを見られるようにした。希望者にはNFT化しプレゼント

　TIFコミュニティでは、NFTの限定コンテンツを入手できる。TIFコミュニティにログインしたり、TIFコミュニティで活動したりするとNFTを入手できるポイントがたまる仕組みだ。オンライン配信の参加チケットをNFT化し個別の番号を付与。入場したあとはデジタルカー

ドが表示される仕組みも構築した。

21年、22年は、カメラの前を通ったアイドルにMCが声をかけ、iPad
の両面にサインを書いてもらう「通りすがりチャンネル」も実施した。そ
の場で書いてもらったデジタルサインはたまたまこれを見ていた人だけ
に飛んでくる。マイページに行くとNFTのサインが入っている仕掛けだ。

■ TIFの風物詩の一つをNFTで配布

23年8月4〜6日の3日間開催されたTIFで実施されたNFT施策は大
きく2つだ。

まず1つが「らくがきちゃんねる」。オンライン上でアイドルグループ
が落書きしているものを、リアルタイムで書いている文字が黒板に書い
ているように文字だけ見えてくる。ファンへのメッセージやサイン、自
己紹介など、落書きの内容は様々。TIFコミュニティ内の希望者にこれ
をNFT化してプレゼントした。

TIFには、200組以上のアイドルグループが出演する。アイドルグル
ープが会場内の壁に貼ってある紙にサインを書く風物詩の一つをデジタル
ルに置き換えたのがらくがきちゃんねる。画面の向こう側でアイドルグ
ループがサインをしているところを見られるようにした。「これをデジタ
ル表現のNFTとして配布できるようにした。TIFならではの形」と菊
竹氏。「22/7(ナナブンノニジュウニ)」や「フィロソフィーのダンス」
など3日間で45組のグループが参加したという。

もう一つは「デジタル防災訓練」でのNFT活用だ。東京都と一緒に
実施したもので、デジタルの力で東京のポテンシャルを引き出して質の

高い生活を送る「スマート東京」の実現のための実証実験という位置付けだった。

　イベント中に大地震が発生したことを想定した防災訓練で、LIVE会場から指定された場所まで避難する。「＃ババババンビ」「＃2i2（ニーニ）」「＃よーよーよー」の3組のアイドルグループのメンバーと約200人がチームに分かれて避難する。スマートフォンの専用アプリで指示された指定経路で避難するというもので、避難途中に届くルート変更のミッションをクリアしながら避難場所まで歩く。地盤沈下を想定して、通行不可のルートなども設定されたゲーム感覚で体験できるものだが本格的な訓練だ。最後までたどり着いた全員に配られたのが記念のNFTだ。3組のアイドルグループの参加メンバーが混ざった3種類の写真をNFT化して配布した。

　21年から始めたNFTの活用。「NFTをTIFへの参加の動機づけやイベントの付加価値として活用できれば」と菊竹氏は話す。エンタメ商材の一つとしてNFTを使ってみようと施策を進めてきた。

防災訓練では最後までたどり着いた全員にNFTを配布した

ただ、「エンタメの盛り上げ手法は、NFT活用の活性化にはつながらない」と菊竹氏は指摘する。「エンタメを盛り上げるノウハウは持っているが、日本で人気のコンテンツをそのままNFT化してもビジネスにはつながらないのではないか。NFTで話題をつくるには別の方法があるのではないか」（菊竹氏）

考えなくてはいけないのがNFTと親和性が高いWeb3やブロックチェーンなどに詳しい層へのアプローチ方法だ。「エンタメ層とWeb3を活用している層はあまり一致していないように思う」（菊竹氏）。「今後は海外も含めて、そうした人たちとの接点を広げていかなくてはいけないのではと考えている」と言う。

■ NFTは新たなビジネス形態に使える

今後NFTの活用を進めるにあたり重要になるのは何か。「まず、自前のIP（知的財産）の価値を落とさないこと」と菊竹氏。「TIFというコンテンツの価値が落ちなければNFTの活用方法が増えたときにもスムーズに活用できる。これが新しいテクノロジーにチャレンジしていく足腰を作る上では一番大事」（菊竹氏）。技術をエンタメと掛け合わせることで何か新しいビジネスが生まれる可能性がある。

「例えば、AKB48の握手会、SHOWROOMが動画配信で始めた投げ銭のような、新たなビジネス形態の誕生にNFTの技術が使える気がして取り組んでいる」と菊竹氏。NFTという唯一無二の商材をどう届けると喜んでもらえるのかを意識しながら取り組む。

TIFコミュニティでは21年比で8割程度の人がアクティブに活用しているという。これは菊竹氏にも予想外のことだった。コロナ禍後にはリア

ルイベントに戻る人が多いと思っていたが、TIFコミュニティには女性が多く残っている。「アイドルに興味はあるが会場に行くのはハードルが高いと思っている人も多く、これまでなら届かなかった層にもアイドルコンテンツが届いている実感がある」と菊竹氏。NFTの活用の模索は続く。

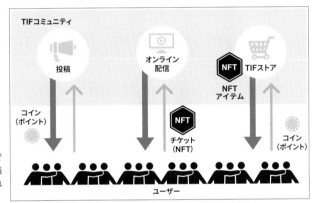

「TIFコミュニティ」では、ライブイベント当日の配信なども見られた

■NFT活用のポイント

・エンタメ×テクノロジーでビジネス創出
NFTをアイドルイベントと掛け合わせて新たなコンテンツを作れるかを模索

・リアルの風物詩をデジタルで提供
デジタルの「らくがき」をNFT化して記念にプレゼント。イベント会場の壁に書かれていたサインなどの風物詩をデジタル化

・コミュニティー活用でリーチを拡大
TIFコミュニティ内の活動で得たポイントでNFTをもらえるように設計。コミュニティー活用で新たなファン層にもリーチ

（写真提供／フジテレビ）

シヤチハタがNFTの活用で 広げる「しるしの価値」

中日本高速道路（NEXCO中日本）が高速道路のサービスエリア（SA）やパーキングエリア（PA）の渋滞対策のためのNFT（非代替性トークン）活用を2024年1月から始める。シヤチハタ（名古屋市）が23年6月に設立したWeb3企業、シヤチハタブランドアンドセキュリティーズ（名古屋市）と実施するものだ。

高速道路初という「『NFTトレカ』キャンペーン」は24年3月まで実施する予定。用意したのは人気ゲームソフト「戦国無双」や「信長の野望」の開発に携わったイラストレーター諏訪原寛幸氏が作画した武将44種類のNFTトレーディングカード（NFTトレカ）。SAやPAに行き、専用アプリ「DIVER Wallet」を通じてエリア内のポスターなどに印刷されたQRコードを読み込むと、NFTトレカが無償で受け取れる。時間帯別、場所ごとにNFTトレカの図柄を変えていくことも計画している。例えば神奈川県は北条氏、山梨県は武田氏と地域性も考慮する。八王子支社管内のSA・PAに上下別28の配布場所を設ける。広範囲の取り組みだ。

SAやPAは混む時間や場所が決まっている。中央道の談合坂SA（山梨県上野原市）付近のように週末になれば必ず渋滞が発生する場所もある。こうした交通集中を変えるための行動変容を促せないか、NFTトレカの取り組みを通じたデータ収集を基に分析する——。取り組みの狙いはここにある。高速道路が抱える課題を、NFTなどWeb3を活用して解決することだ。

「NFTトレカ」キャンペーンで配布するNFTトレーディングカード

最終的には、受け取れる時間帯などを変えることによって、SAやPAに停車する時間帯をずらせるのか、渋滞緩和につなげることができるのか、といったデータを集め、活用するのが目的だ。土日の早朝にNFTを受け取れるようにしたら渋滞にはどのような影響を与えそうか、いつも比較的すいているSA・PAでNFTを発行したら、停車するSA・PAを変えてくれるのか。NFTトレカの絵柄や配布する時間帯を出し分けた場合にはどうなるのか？　先の展開は様々な形を想定しており、キャンペーンの結果のデータを収集・分析して進歩させていきたい考えだ。

■　実用には早すぎた印影のNFT化

シヤチハタがNFT事業を開始したのは21年8月。ブロックチェーンベンチャーのケンタウロスワークス（東京・千代田）、早稲田リーガルコモンズ法律事務所（東京・千代田）と「NFT印鑑」を共同開発することで合意したと発表した。ブロックチェーンを利用した電子印鑑シス

テムで、ハンコの印影をNFT化する。テスト段階ではあるが、一部の
ユーザーが使用している。誰にも譲渡できないSBT（ソウルバウンドト
ークン）だ。

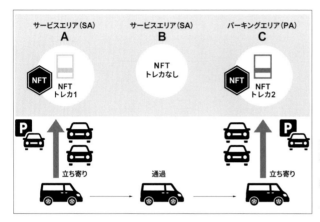

サービスエリア（SA）　　　　サービエリア（SA）　　　　パーキングエリア（PA）
　　　　A　　　　　　　　　　　　B　　　　　　　　　　　　C

NFT
トレカ1

NFT
トレカなし

NFT
トレカ2

P　　　　　　　　　　　　　　　　　　　　　　　　　　　　　　　　P

立ち寄り　　　　　　　　　　通過　　　　　　　　　　　　立ち寄り

高速道路のSA・PAで
別のNFTトレカを配布
して、停車場所集中の
緩和を図るなど、渋滞
に関連した課題解決に
つなげる

　研究をする過程で出てきたのが「あえてNFT化する必要があるのか？
ユーザーの理解がすぐに得られるか？ という課題だった」と話すのはシ
ヤチハタブランドアンドセキュリティーズの取締役でシヤチハタの経営
企画本部、事業・人財開発部部長の大内卓氏だ。シヤチハタは電子印鑑
を1995年から提供している。23年10月時点で約100万件導入されてい
る。市場は新型コロナウイルス禍で大きく拡大した。

　電子印影はクラウドサービスとして提供しているが、「印影を改ざんさ
れないか？」という利用者の声もあった。であれば、唯一無二のデジタ
ルデータが作れるNFTで提供すれば「電子の実印として使えるのでは
ないか」。社内ではそう考えたが、「今までのままでよくないか？ 逆に、
今の電子印鑑のほうが安全ではないのか？」など、利用者の反応の多く
は逆だった。NFT化に大きな意味はあったが、実用にはまだ啓蒙が必

要で早すぎた。

■　しるしの価値をNFTで事業化

「印影だけでなくて、企業理念にある『しるしの価値』として利用シーンを広めたほうが世の中のニーズと合致するのではないか」。現シヤチハタブランドアンドセキュリティーズ代表の酒巻博治氏と大内氏はWeb3に関心を持ち始めた。「ハンコ（しるし）を押すことはコミュニケーションで同意した人の意思の表れだということを考えると、しるしを使う、1つ前の利用シーンであるコミュニケーションの場も含めて提供したほうが受け入れてもらいやすいのではないか。『しるし』としてNFTの適用範囲を広く考えることができ、様々な活用の案を集めることができた」

　そこでブロックチェーン技術を開発するゼクサバース（東京・千代田）と設立したのがシヤチハタブランドアンドセキュリティーズだ。オリジナルブロックチェーンの「DIVER TIME CHAIN」を活用してWeb3、NFT事業を進める。ブロックチェーンを通るブロック（データ）の容量を小さくして、高速な取引を実現する技術が売りだ。

　取り組みの一つが学校法人創志学園のクラーク記念国際高等学校と進めるNFT学生証だ。23年6月下旬から在籍する高校生と課外活動として進めてきた。23年内に学生が中心となりメタバースをつくる計画で、学生証は、まずメタバースの入場券として使えるようにする。24年1月からNFTのデジタル学生証をつくる計画で、NFT学生証と利用シーンとしてのメタバースを連携して活用する。NFTとメタバースの連携した活用は教育業界だけでなく、ビジネスシーンでもサービス化を推進していく。

　シヤチハタブランドアンドセキュリティーズを通じて今後目指すのは、

社会課題を広く捉えたWeb3、NFT、ブロックチェーンの活用だ。教育を通じた日本をけん引する人材育成、人材不足や交通課題の解決、地域創生、DX（デジタルトランスフォーメーション）化などにチャレンジしていく。大内氏は「Web3やNFTは特別なものではない。生活をより便利、安心、安全にできる優れたツールであるということを、課題解決できるソリューションを提供しながら広げていきたい」と言う。

　地域創生でのWeb3活用も進める。NFTクーポンを発行して地域で活用してもらおうとの試みだ。NFTクーポンを簡単に発行してマーケティングに活用できる仕組みをつくって利用してもらう。

「店の写真や名刺などの写真を撮ってNFTクーポン化できる仕組みをつくっている」と大内氏。個人経営のレストランや店舗だと、クーポンを出すことが難しいことも多い。写真などの素材を利用して簡単にクーポンを発行して活用してもらう。

シヤチハタブランドアンドセキュリティーズが始める「TRACOU（トレクー）」

　例えば、ランチタイムにNFTクーポンを持ってきてくれたら、ラーメンにトッピングする卵を1個無料にする。しかもNFTなので限定10食といった制限が簡単にかけられる。利用者は自分が行かなくても他の

人に転送して渡し、使ってもらうことも可能。この仕組みなら「今日は雨だから、限定20枚だけクーポンを発行するといったことが簡単にできる。小さな商店向けのサービスもNFTならでは」と大内氏。観光施策などにも応用できると見込み、24年2月からテストを始める計画だ。

NFTのクーポン画面のイメージ。左が画面表示で右はクーポンの詳細画面

■NFT活用のポイント

・社会課題解決にNFTを活用

NFT印鑑の利用者の反応から、「しるしの価値」としての利用シーンを広げ、社会課題の解決に利用できないかと方針を切り替えた

・数を限定できるNFTの特性の活用

数量限定にできるメリットは個人商店などのマーケティングに向く

・NFT取得時のデータを行動分析に活用

高速道路でNFTを出し分けてデータを蓄積することで、行動分析に利用する

（画像提供／シヤチハタ）🅣

ブランド品や限定品などを NFTで本物か証明

サイカルトラストが基幹インフラにも活用

NFT（非代替性トークン）を活用したWeb3関連ベンチャーのサイカルトラスト（東京・港）は、同社が開発したNFTを活用した鑑定証明システムをベースに基幹インフラの真正性担保プラットフォームなども開発して近く実用化する。ブロックチェーン（分散型台帳）などWeb3を活用したプラットフォームを様々な業界に横展開し、事業を拡大することを目指している。

サイカルトラストは、NFTを活用した鑑定証明システムを運用する。小型のチップが埋め込まれた商品のタグや商品とセットにした保証（ギャランティー）カードなどにスマートフォンをかざすと、製品名や色、シリアル番号や所有者の情報などが確認できる。これまで限定品のTシャツなどの販売に活用したほか、現在はブランド品のNFTマーケットである「サイカルNFTマーケットプレイス」も運営している。2022年1月に試験運用を始めた。

0.6ミリ四方のチップとスマホを組み合わせてNFTで真贋（しんがん）を証明する——。サイカルNFTマーケットプレイスでは、ルイヴィトンやHUBLOT（ウブロ）といった高級ブランド品が販売されている。サイカルトラストが正規代理店を通して販売するものだ。NFTマーケットプレイスで注文が入ってから、商品に鑑定証明チップを同梱して配送する仕組み。購入者はスマホアプリを使ってブランド名や、シリアル番号、製品名、サイズ、色といった情報を確認できる。

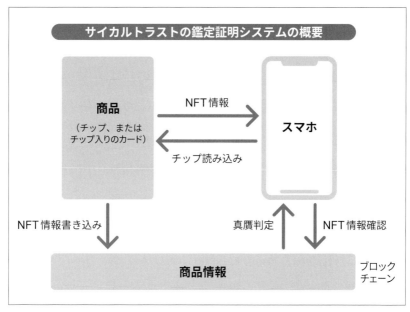

商品に埋め込んだチップやギャランティーカードとスマホを使って真贋証明する

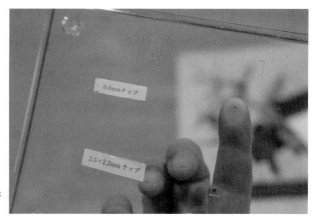

指を当てているのが
0.6ミリのチップ

　サイカルトラストは、前身のcryptomall japan時代の2021年末、総合格闘家の金太郎さんがプロデュースするブランド「BROAD AXE

（ブロードアックス）」の限定パーカーやTシャツを鑑定証明システムを使って販売するなどして実績を重ねた。ICカードが入ったギャランティーカードとセットにして販売したものだが、本物だと証明できるとファンからは好評だったという。この仕組みを使えば、中古品として2次流通で誰かに渡っても、本物であることの証明が容易だ。鑑定証明システムには、どういうルートで自分が手にしたかアプリから分かる仕組みもある。

サイカルトラストのギャランティーカード

■ 年間515兆円の偽物問題を解決したい

「偽物が世界経済に与える影響は年間515兆円といわれる。これを解決するため鑑定証明システムを開発した」と語るのはサイカルトラストの代表取締役である須江剛氏。ブロックチェーンやNFTを使ったサプライチェーンも担保した真贋証明としてPCT特許（特許協力条約に基づいて国際出願された特許）を複数取得している。

ブロックチェーン、NFT、複数の「秘密鍵」を使ってセキュリティーを強化する「マルチシグ認証」という3つの技術を使い、真贋やサプ

ライチェーンのトレーサビリティーを証明する。

　NFTの情報は、ブロックチェーン上に記録されるため、改ざんができない。そのため、誰が作り、誰が売り、誰が購入したか、商品の移動経路がすべて把握できるようになる。サイカルトラストはこうした特長を生かし、真贋を保証したい様々な業種・業態への導入も進める。

▎様々な分野への応用見込む 通信機器のセキュリティー対策も視野

　ブランド品や限定品の真贋証明だけではなく、様々な業種の事業に応用できる。例えば半導体についても同社は「1回不良品として捨てられてきたようなものをかき集めてきた粗悪品の半導体が出回っている。正規品であることを鑑定証明システムを使って証明できないか開発を進めている」とする。自動車メーカーが粗悪な半導体を使えば事故を招きかねない。サプライチェーンを担保しながら正規品だけを流通させられないか検討している。

　この真贋証明システムは、ブランド品のリセール市場向け、医薬品の真贋判定などでの利用も模索するほか、ネットワーク通信機器のセキュリティー対策として鑑定証明システムを活用することを視野に入れた実証検証も進める。超小型のチップを埋め込むことで、様々な分野での応用が見込まれるという。

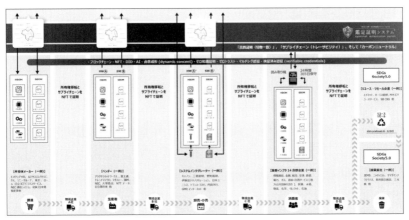

サイカルトラストのシステムは、例えば部品などがどういうルートで届いたかもトレースできる（資料はサイカルトラスト提供）

　課題はチップの実装のコストや手間。チップを組み込めばコストがかかるが、数万単位のロットになれば、負担は大きくない。「当初はブランド品に組み込んでもらうことを考えていたが、リセール市場のほうが活用メリットが大きいかもしれない」（須江氏）。広く利用してもらえる環境を今後つくれるか、交渉中の案件は複数あるという。

■　鑑定証明システムの横展開で事業拡大

　サイカルトラストは16人のエンジニアを抱え、鑑定証明システムをベースとした事業の横展開を狙う。

　この鑑定証明システムをベースにした基幹システムの「真正性担保プラットフォーム」もその一つだ。24年2月から正式運用を始める予定だ。

　22年5月に「経済安全保障推進法」が成立したのを機に、従来持つ鑑定証明の仕組みを応用したものだ。経済安全保障推進法は、情報通信や

金融、航空など14業種の重要インフラなどに関わる法律。「真正性の担保やサプライチェーンの強化などが求められており、罰則規定もある。そこで、部品の調達先を証明したり、正しく廃棄されたかを証明したりできるプラットフォームを開発した」（須江氏）

　ここでも活用されているのがNFTだ。22年9月～23年3月まで通信機器開発のアラクサラネットワークス（川崎市）が主体となって推進した「TrustedNetwork（トラステッド ネットワーク）エコシステム」に参加してPoV（価値実証）を実施した。この成果を基に実運用システムをリリースする計画だ。

■NFT活用のポイント

・**鑑定証明システムの開発**
　偽物の市場が大きいことに注目し、NFTを生かして真贋を判定する鑑定証明システムを開発
・**チップの小型化**
　チップを小型化し、洗濯にも耐えられるタイプも開発し、衣服への実装も可能とした
・**システムの横展開**
　真贋鑑定の仕組みを様々な業界に横展開できるようにした

（写真／吾妻 拓）🅣

NFTでCO₂削減を自分ごと化

NFTで太陽光施設を応援
環境貢献への意識を高める

　地球温暖化の課題をゲーミフィケーションで解決しようとするNFT（非代替性トークン）サービスがある。日々の二酸化炭素（以下、CO₂）削減量を、NFTを使って可視化させる環境貢献型NFTサービス「capture.x（キャプチャーエックス）」だ。同サービスでNFTを購入すると、太陽光発電所などCO₂を削減する施設の応援につながり、CO₂削減を加速化させる狙いがあるという。

capture.xはゲーム感覚でCO₂削減に貢献できるNFTサービス。CO₂削減施設にエールを送ると「HOSHI」が育ち、これまで自分が応援してきた貢献度がビジュアルでも表現できる

　地球温暖化は、今や人類共通の大きな課題だ。世界各国が、期限を定めCO₂削減の目標を掲げているが、実際にどのくらい削減できたのか我々は把握できていないし、実感もないだろう。せっかく高い削減目標を掲げても計測できなければ、目標が達成できたか、近づいているのかすら分からない。

　「体重計で測定しないダイエットは成功しない。それと同じだ」とbajji

（東京・台東）代表取締役の小林慎和氏は語る。

　NFTを活用してCO_2削減量を可視化させ、計測できる仕組みを整えたサービスが、bajjiが提供・運営する環境貢献型NFT「capture.x」だ。太陽光発電所などCO_2削減に貢献している実際の施設のNFTを発行。ユーザーはcapture.xでNFTを購入することで、その施設の「デジタルオーナー」になる。NFT施設のページには、1時間ごとのCO_2の削減量グラフがリアルタイムで表示されており確認ができる。

　オーナーは1日に1回、NFTの下にある「エールを送る」ボタンを長押しすることで、その施設を応援できる。エールを送るとその施設の前日のCO_2削減量データを確認でき、確認した分がマイページの「総CO_2削減量」に加算されていく。つまり、データを確認することで、CO_2削減に貢献している気分を醸成する狙いがあるのだ。さらには、楽天ポイントと交換できるエールポイントももらえるというお得感もある。

■　エールで「HOSHI」を育て応援の貢献度を可視化

　エールを送るメリットはポイントをもらえるだけではない。マイページには、「HOSHI」と呼ばれる箱庭のようなイラストがあり、エールを送って確認したCO_2削減量の総量に応じて、HOSHIが育っていくというゲーミフィケーションの要素もある。初めは殺風景なHOSHIも、レベルが上がるにつれて緑や施設が増え、これまで自分が応援してきた施設への貢献度がビジュアルでも表現される。

　「コミュニティーアプリ『Discord（ディスコード）』上では、ユーザー同士でHOSHIの育ち具合を見せ合っている。他にも様々な議論がされており、caputure.xを通じて活発なコミュニティーが生まれつつあ

る」（小林氏）

　しかし、ユーザーはNFTを買ってエールを送り施設のCO$_2$の削減量の確認をしているだけで、実際のCO$_2$削減問題にどう貢献しているのか。capture.xでは現実世界にも影響を与えるために、NFT購入費の10%をプールし、CO$_2$削減プロジェクトへ寄付する仕組みを取り入れている。「将来的に大きな金額になった際には、寄付先をどこにするかコミュニティーの皆さんと決めたい」と小林氏は話す。

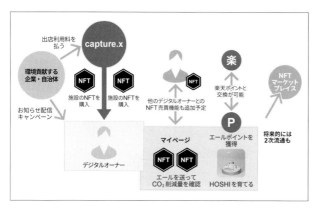

capture.xのビジネスモデル。企業はcapture.xを通して、CO$_2$削減施設をNFT化。ユーザーはNFTを購入し、日々エールを送ってHOSHIを育てる

　2023年10月時点で、JERA（東京・中央）が運営する三重県多気町、茨城県小美玉市、栃木県矢板市にある太陽光発電所と、シェアリングエネルギー（東京・港）が運営する北海道の太陽光発電所のNFTが発行されている。

　無料と有料のNFTがあり、有料のものは1100円からクレジットカードで購入可能。すでに購入した人は600人ほど（23年10月時点）で、中には環境への意識を高く保ちたいという理由で、33万円で販売されているNFTを購入した人もいるという。23年3月にサービスを開始し、23

年10月時点でエールの数は6万回を超えた。「まったく何も広告を出していない状態で達成した数字だ」(小林氏)

　NFTを購入し、エールを送ることで「その施設の『ファン』となって、応援してもらいたい。毎日数字を見ることで、今日は削減量が多いか少ないかの相場観が分かるようになる。ユーザーの環境への意識も高まり、行動変容へとつながっていくだろう。天気の話題のように、今日のCO$_2$の減った量が気軽に話せるようになるといい」と、小林氏は期待する。

■　企業のESG経営の取り組みと消費者をつなげる

　capture.xには、多くの企業が注目を示す。特に上場企業は株主の期待に応えるため、環境に配慮したESG(環境・社会・企業統治)経営が今や必須となっている。そのため各企業がCO$_2$排出を削減するための取り組みを進めているが、一般消費者にはあまり知られていないのが現状だ。

　CO$_2$削減施設を持つ企業は、施設ごとにcapture.xへ出店料を支払うことでNFTを発行できる。NFTの発行数に上限はないが、施設を持つ企業とbajjiとで協議して決めるという。NFT発行後はその施設のCO$_2$に関するリアルタイムのデータをcapture.xに提供する。企業はESG経営の期待にも応えつつ、消費者に自社が運営するCO$_2$削減施設のデジタルオーナーになってもらうことで、消費者とのつながりをつくることができるのだ。

　「ほとんどのオーナーが毎日エールを送ってくれるので、より濃い接点を生み出すことができるだろう」と小林氏。将来的には企業向けのダッ

シュボードを用意し、企業から消費者にお知らせの通知ができるようにするなど、つながりを強化する機能を追加する予定だ。

　また、地方創生の文脈でも活用が進む。ふるさと納税総合サイト「ふるさとチョイス」と協業し、返礼品としてJERAが運営する三重県多気町の太陽光発電所のNFTを発行した。

「NFTには地域名が書かれているので、エールを送るたびに毎回その地方を意識してもらえる。ある一定回数以上エールを送った人の中から抽選で、その地方への旅行券をプレゼントするといったキャンペーンも可能だ。地元の名産品を返礼品にするよりも、より深い関係が築けると思う」（小林氏）

　今後の構想としてあるのが、人気キャラクターIP（知的財産）とのコラボレーションだ。すでに有力キャラクターとの協業プロジェクトも進んでいるという。「人気キャラクターと一緒に施設を応援しようという世界を広げたい。そのキャラクターが欲しくてNFTを購入したとしても、楽しんでいたらいつの間にかCO_2削減プロジェクトに貢献していたという形でも構わないと思っている」（小林氏）

■　NFTのメリットは、「所有感」を持てること

　サステナブル社会を実現するために行動したい企業は、エネルギー分野だけでなく、すべての業種に存在するため、今後も増えていくだろう。何も告知していないにもかかわらず、企業からの引き合いは多いという。

「今後はグローバル展開も見据えていきたい。特に欧州は環境意識も高く、ジャパニメーション（日本のアニメーション作品）のファンも多

い。海外の施設を日本から応援してもいいし、逆に日本の施設を海外から応援してもらうこともありえるだろう。CO_2を削減する施設やキャラクターなどの『所有感』を持ってもらえることが、このサービスを通してNFTを使うメリット。こうしたゲーミフィケーションを通して、皆で楽しみながら、CO_2削減を加速化させていきたい」（小林氏）

■NFT活用のポイント

- **NFTを購入しCO_2削減施設を応援。CO_2削減量を可視化**
  ユーザーはCO_2削減施設のNFTを購入し、デジタルオーナーとなって応援する（エールを送る）。CO_2削減量を毎日見ることで、環境に対する意識が高まる。送ったエールの量に応じて、エールポイントをもらえ、自分のHOSHIが育つ
- **企業や自治体は、消費者とつながることができる**
  自社のCO_2削減施設のNFTを発行することで、消費者と密につながることができる。将来的にはcapture.xを通じたキャンペーンや情報発信も可能に
- **CO_2削減施設やキャラクターの「所有感」を持てる**
  NFTによる「所有感」を醸成することで、ユーザーの環境意識を高め、寄付を促進する。CO_2削減を加速化できる

（写真提供／bajji）Ⓢ

ゲームを楽しみながら社会貢献

東京電力管内約600万本の
電柱点検もエンタメに

　Web3ベンチャーのDigital Entertainment Asset（デジタル・エンターテインメント・アセット、以下DEA）が、NFT（非代替性トークン）を活用し社会貢献に活用できるゲームの開発を進めている。インフラ設備の点検やごみの分別などをエンターテインメントに昇華し、誰もが楽しみながら社会貢献できる社会を目指す。

2024年春にリリース予定のゲーム「ぼくとわたしの電柱合戦　電柱ガールと鉄塔ボーイ（仮）」。ゲームで遊んでいるだけで社会の役に立つ可能性を秘める

　DEAはシンガポールに本社を置く2018年8月に設立されたWeb3ベンチャーだ。同社は、ゲームで遊ぶことにより暗号資産などを獲得できる「Play To Earn」（遊んで稼ぐ）をコンセプトとしたゲームプラットフォーム「PlayMining（プレイマイニング）」を運用している。20年5月に提供を開始したトレーディングカードゲーム「JobTribes（ジョブトライブス）」を皮切りに、自社開発のゲームを複数展開し、世界100の国と地域、268万人のユーザー（23年10月時点）を抱えるまでに成長した。

■ Play To Earnで社会貢献

　DEAは数年間のゲームプラットフォーム運営を経て、Play To Earn の仕組みをゲーミフィケーションとして取り入れ、「持続可能な社会貢献」に活用できないか試行錯誤している。「生活に困っていた人から、ゲームの報酬で助けられたという感謝の声が世界中から届いた。我々が提供するゲームで世界の社会課題を解決できると気づいた」と語るのは、DEA 創業者で共同最高経営責任者（CEO）の山田耕三氏だ。

　Play To Earnの一部ゲームには、「スカラーシップ制度」という仕組みがある。NFTを所持するオーナーが他者にNFTを貸し出すことで、借りたプレーヤーは初期投資をしなくともゲームで報酬が得られるというものだ。オーナーはプレーヤーが稼いだ報酬の何割かを受け取る。

　DEAはこの仕組みをシングルマザーの家計支援などにも活用しようと、どうすればより効果的な貢献ができるのか検証してきた。「（数年の運営で）かなりの手応えを得た。サステナブル（持続可能）な課題解決モデルが出来上がりつつある。PlayMiningは近い将来、社会課題を解決するゲーミフィケーションコンテンツが並ぶプラットフォームになる」と山田氏は語る。

　今後は、サードパーティー企業が開発したゲームも受け入れ、遊べるゲーム数をさらに増やしていく計画だ。このプラットフォーム上でやり取りされるのは、自社で独自に発行する「DEAPcoin（ディープコイン、以下DEP）」と呼ばれる暗号資産。日本国内でも4つの取引所で日本円との交換が可能だ。

■　電柱の保守点検にNFTゲームを活用

　DEAは東京電力グループの東京電力パワーグリッド（PG、東京・千代田）と共同で、楽しみながら電柱の保守点検をサポートするゲーム「ぼくとわたしの電柱合戦 電柱ガールと鉄塔ボーイ（仮）」を開発中だ。「TOKYO GAME SHOW 2023」にも出展し、披露した。

　プレーヤーはゲームアプリ内で電柱や電波塔の写真を撮影することで、その位置情報と連動したNFTを手に入れることができ、チームごとの陣取り合戦を楽しむ。撮った写真は東京電力PGが買い取り、電柱の保守点検に役立てるという仕組みだ。

撮影した電柱や鉄塔の
位置情報を基に、陣取
りゲームができる予定

　東京電力PGが管理する電柱は、東京電力管内に約600万本あり、メンテナンス費用として年間数十億円がかかっているという。インフラの老朽化やメンテナンス人材が不足する中、ゲームのプレーヤーを巻き込み、効率化していこうという取り組みだ。24年初めにテストバージョンをリリースする予定だ。

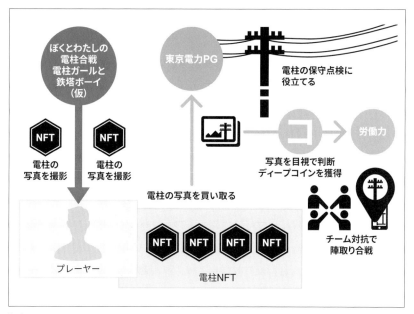

「ぼくとわたしの電柱合戦 電柱ガールと鉄塔ボーイ（仮）」のビジネスモデル。東京電力PGは写真の位置情報とNFTを活用し、インフラの点検に活用する

　「将来的に、電柱の写真がメンテナンスに有効かどうかをチェックする仕事を、我々のコミュニティー内にいる方にお願いしたいと思っている。その際、報酬を払うことも想定している」と山田氏。その報酬の支払いに使えるのがDEPだ。報酬のDEPは日本円に替えられる他、別のゲームなども遊べる。山田氏は「インフラの保守はアジアをはじめ世界中で課題になっており、この取り組みを海外の電力会社にも展開したい」と意気込んでいる。

■　クレーンゲームのように楽しく「ごみの分別」

　ごみの分別作業をゲーム感覚でできないか──。そんな思いで開発しているのが、ごみ問題を解決するゲーム「Sort to Earn」だ。AI（人

工知能）を活用した遠隔操作技術を持つRita Technology（リタテクノロジー、東京・新宿）と共同で開発。ゲームの操作とロボットアームとを連動させ、まるでクレーンゲームのようにごみの分別ができるようにする計画だ。

廃棄物現場の最大の課題は労働力不足だ。正確な分別には人の手が必要だが、遠隔分別と組み合わせることで省力化に貢献でき、「ゲームが仕事につながる。仕事がゲームのようになる」という未来を目指すという。例えば、障害者雇用への活用だ。「障害者雇用のマッチングは非常に難しく、なかなか定着しないのが現実」（山田氏）。このゲームを仕事として提供することで、いくばくかの報酬を得てもらおうという取り組みだ。「企業側、就労者双方に有益になる方法を模索している」（山田氏）

「Sort to Earn」のデモ風景（開発中のもの）。遠隔地のロボットアームと連動し、実際のごみの仕分けを行うモードも用意されている

■ 社会貢献はエンターテインメントとして成立する

DEAはこうしたゲームタイトルを、PlayMiningに閉じることなく、日本発のゲームに特化したブロックチェーン「Oasys（オアシス）」にも展開する。「我々の強みは、解決すべき課題に対し、企画立案からゲー

ム開発まで実現できる力だ。社会への影響力を広げるためにも、様々な
パートナーと組んでいく方針」（山田氏）

　今後、こうしたゲーミフィケーションは社会貢献に活用していけるの
か。取り組みはまだ始まったばかりだが、NFTの新たな活用法として
期待が膨らむ。

「DEPは、楽しみながら社会に貢献したいという人たちの思いが詰ま
った暗号資産として広げていきたい。誰かの役に立ち、感謝され、自分
もうれしいと思える体験はどこにも売っていない商品。これはエンター
テインメントとしても成立すると考えている。これまでゲームをやって
こなかった層を巻き込んでいきたい」（山田氏）

■NFT活用のポイント

・楽しみながら社会貢献できる
　NFTを活用したPlay To Earnゲームを通じて、ゲームで遊んで
　いるうちに社会貢献ができる

・スカラーシップ制度を活用
　オーナーが所有するNFTアイテムをプレーヤーに貸し出すことで、
　報酬を分け合える

・世界中の人々に、報酬を支払える
　少しの労働でも、世界中の人々に対し、DEPで報酬を支払うこと
　ができる

（写真提供／Digital Entertainment Asset）**Ｓ**

NFTゲームでシングルマザーを支援

ゲームのプレーで
ちょっとした所得増を実現

　Web3コンサルティングのLCA GAME GUILD（シンガポール：略称LGG）は、日本シングルマザー支援協会（横浜市）と連携し、NFTゲームによるシングルマザーの所得増の支援をしている。対象の数人は、ゲームをプレーすることで、月収で約2万円を得られるようになった。この取り組みは、どのような仕組みで成立しているのだろうか。ゲームをプレーして報酬を得る「Play To Earn」（遊んで稼ぐ）の可能性を追った。

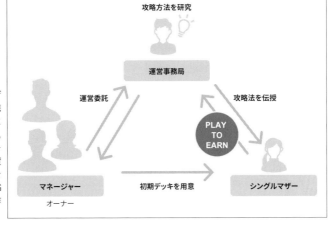

日本シングルマザー支援協会と連携したNFTゲームによる所得増支援。オーナーがデッキと呼ぶNFTを貸し出してゲームをしてもらう（LGG提供の図を基に作成）

　LGGは、2019年に設立された日本のNFTゲームギルド（オンラインゲーム団体）だ。ゲームをプレーすることで報酬を得られるGameFi（ゲームファイ）の健全な発展を目指し、Web3プロジェクト開発企業へのコンサルティングなども行う。

　そのLGGが、日本シングルマザー支援協会と連携し、シングルマザーがNFTゲームで収入を得られる取り組みを進めている。母子世帯は、子育てで時間を取られる中で、働く環境が制限されることもあり、十分な収入を得ることが難しい場合もある。その課題の解決策の一つとして、NFTゲームを活用しようというのだ。LGGは、経済格差などの課題をWeb3プロジェクトを通して解決するためのESG（環境・社会・企業統治）活動も展開しており、この取り組みもその一環となる。

　今回、採用したゲームは、Web3ベンチャーのDigital Entertainment Asset（DEA、シンガポール）が提供するトレーディングカードバトルゲーム「JobTribes（ジョブトライブス）」だ。DEAは「PlayMining（プレイマイニング）」というGameFiプラットフォーム事業を展開している。

LGGと日本シングルマザー支援協会は、DEAのトレーディングカードバトルゲーム「JobTribes」を支援に活用する取り組みを進める

トレーディングカードバトルゲーム「JobTribes」のゲーム画面

JobTribesは、ブラウザーゲームであるため、スマートフォンでもPCでもプレーが可能だ。2週間を1シーズンとして区切り、その期間は毎日プレーする必要がある。ゲーム内でやり取りされるのは「DEAPcoin（ディープコイン）」と呼ばれる暗号資産だ。

GameFiは、一時期、世界で大きなムーブメントが起きていた。日本でも歩いて稼ぐNFTゲーム「STEPN（ステップン）」が話題になった。しかし、暗号資産のレートが暴落したことで稼ぎが一気に減ってしまい、下火になっていった。一方で、稼ぎに重きを置きすぎたゲーム設計への反省を踏まえ、本当に面白いGameFiを提供しようとする動きも起きている。

■ NFTを貸し出す「スカラーシップ制度」

LGGの今回の取り組みはこうした潮流の中で進められている。ゲームをプレーするには、初期投資として、デッキと呼ばれるNFTを購入する必要がある。23年5月のディープコインのレートで、1デッキ当たり70万円ほどで、購入するにはハードルが高い。そこで導入しているのが「スカラーシップ制度」だ。「LGGのメンバーが個人でデッキを購入してオーナーとなり、対象者に無料で貸し出しする形にしている」と説明するのはLGG CSO（最高サステナビリティー責任者）の庄司隆弘氏。22年春に3人を対象にスタートし、22年秋には、さらに3人を追加、23年11月時点で6人が利用中だ。この取り組みに賛同した経緯を、日本シングルマザー支援協会 代表理事の江成道子氏は次のように語る。

「もともと一人で子どもを育てていた信頼できる区議会議員から紹介されたのがきっかけだ。NFTについては以前から知っていたが、詳しく話を聞いてリスクはないと判断した。子育てをしている親は、時間の確

保が一番の課題。自宅や電車の中など、空いた時間でお金が稼げるのは本当にありがたい」

■ 毎日30分のプレーで、約2万円の報酬を得られる

誰にプレーしてもらうかの人選にはかなり気を使ったという。

「楽に稼げてラッキーとは思ってもらいたくなかった。オーナーは、ディープコインのレートが下がるリスクも承知した上で投資し、我々のためにデッキを提供してくれている。それに応えるためにも、毎日コツコツできる人であることが必須条件だった。子どもが病気になって副業を探していたという人や、ご自身の健康の問題でなかなか働けない人など、今この仕組みを必要としている人を選んだ」（江成氏）

シーズン中は毎日30分ほどプレーする必要がある。こうして稼げるお金は、約2万円だ。デッキのオーナーはそれを支払った上で、約4万円の報酬が残るという。

「日本での税制上は雑所得だ。年間20万円を超えると、確定申告が必要となる。今、政府は仮想通貨の税制改正を検討中だが、株式と同じような分離課税になるのが理想だ」（庄司氏）

月に約2万円の収入増は決して多いとはいえないが、スカラーシップへの参加者からはちょっとしたぜいたくができるようになったという声も出ているという。

「取り組みを始めて1年になるが、誰も辞めたいとは言ってこない。どのような仕組みかをきちんと説明した上で参加してもらっているので、一

度ディープコインのレートがかなり下がったときでも、誰からも文句は出なかった。レートが上下することは当たり前だと理解できているので、換金のタイミングの様子を見ている人もいたほどだ」と江成氏は語る。

　江成氏が日本シングルマザー支援協会を立ち上げたのは、13年7月。江成氏自身も、女手一つで5人の子どもを育て上げた経験を持つ。

「日々忙しく働いていたときには気づかなかったのだが、子どもの手が離れて生活が安定してきたときに、なぜこんなにも苦労する必要があったのかと疑問が出てきた。当時は女性の自立を相談できるところがなく、自分でそれを広めようと考えたのが最初だ」（江成氏）

■　参加した6人がNFTゲームで得たのは「自信」

　現在、同協会には1万人の会員が登録している。会員を仕事の担い手として注目する企業とのマッチング業務が、同協会の主な収益源となっている。

「紹介して終わりではなく、定着するまで強力に支援している。不思議なくらい、入社日に子どもが熱を出したりするのだ。あらかじめ、起こりうる出来事を説明しておけば、もしそうした事態に陥っても安心して対処できる」（江成氏）

　ゲームで稼いだシングルマザーたちが得たのは「自信」だと江成氏は語る。

「今の日本には、女性が自信を失いやすい環境がまだまだ多くある。そのことに気づかないまま『女性活躍』とうたってもなかなか難しいのが

現状だ。少額でも自分の力で稼げると分かれば、それが自信につながる。今回のメンバーの1人は、その自信によって一歩踏み出すことができ、就職を決めることができた」

　LGGとしては、今回の取り組みをさらに広げていきたい考えだ。「初期投資の資金が限られているのが課題だ。企業などにもスポンサーになってもらえるよう、周知活動を積極的に進めている」と庄司氏。将来的には、シングルマザーだけでなく、苦学生や障害者の支援など、対象を広げていきたいという。庄司氏は「Play To EarnやMove To Earn（歩いて稼ぐ）といった『X To Earn（エックス・トゥ・アーン）』の経済圏が健全に成長すれば、ベーシックインカムのように機能するのでは」と見る。今後どのように社会に浸透していくのか、手探りの取り組みが進む。

■NFT活用のポイント

- **スカラーシップの活用**
  ゲーム内のNFTを貸し出すスカラーシップを活用し、すき間時間にプレーしてもらえるようにした
- **リスクも含めて理解して新たなトライを進めた**
  「Play To Earn」ゲームについて十分理解した上で、新たなトライに踏み切った
- **NFTゲームをすることで自信も生まれた**
  ゲームで少しでも稼げたことが自信につながった

（画像提供／LGG）**Ⓢ**

藤沢市、ふるさと納税返礼品の NFTアート第2弾

　神奈川県藤沢市が、Web開発のイージェーワークス（横浜市）と連携して、NFT（非代替性トークン）をふるさと納税の返礼品とする取り組みを進めている。湘南に関連するNFTアートを返礼品とすることで話題をつくり、観光誘致などにつなげようとの試みだ。

　藤沢市が2023年4月10日から「楽天ふるさと納税」を通じて販売したのは、イージェーワークスが22年に開催したNFTアートコンテスト「SHONAN NFTアートコンテスト2022」の受賞作品から藤沢市に関連する5作品。金賞に選ばれた作品を1点2万円、そのほかを1万円で23年9月末まで販売した。

　イージェーワークスは、ウェブ開発やインターネットプロバイダー事業などを手掛けており、NFT関連事業も拡大している。同社の枝松徹社長によれば22年5月から開催したSHONAN NFTアートコンテスト2022は、デジタルの力で地域活性化することを目的に始めた。写真やドラマなどの映像作品、VR（仮想現実）、3D作品など2000件の応募から受賞作品を選んだ。

　これをNFT化してクリエイターと一緒にシェアして地域に還元できれば、新しいビジネスの可能性も広がるし、作品を広げたいクリエイターにも大きなメリットがある。2000件の応募作品のうち100件程度をNFT化し、30作品ほどを5000〜1万円程度で販売している。

イージェーワークスは23年5月から開催した「SHONAN NFTアートコンテスト2023」では、約3000点の作品を集めた。藤沢市は「藤沢市長賞」として選んだ作品を23年12月からふるさと納税の返礼品としている。

■ NFTで話題をつくり、観光誘致へ

「NFTをふるさと納税に活用することで、メディアに取り上げられたり、SNSで話題となったりすることが大きかった」

こう語るのは藤沢市の財務部財政課ふるさと納税担当の小林直貴課長補佐だ。小林氏がNFTアートをふるさと納税の返礼品にできないかと考えたのは、北海道余市町の事例などが話題となった22年ごろ。「藤沢市ならではのアートをNFT化して返礼品にできる自由度や話題性に魅力を感じて提携先などの模索を始めた」と小林氏。23年3月、藤沢駅前の湘南藤沢オーパでイージェーワークスが展示していた「海の豊かさを守ろうプロジェクト」の展示が目にとまったという。

イージェーワークスの社内に展示してあった
「海の豊かさを守ろうプロジェクト」の展示
（2023年5月）

SDGs（持続可能な開発目標）関連のプロジェクトで、湘南で育ったアーティストのRYU AMBE氏とのコラボイラストをNFT化して販売。特典として、その絵柄をプリントしたコラボTシャツも作って展示していた。小林氏は「素晴らしい作品が多く、藤沢市でもできないかと考え

て声をかけた」と振り返る。

「返礼品に採用できる作品は限られる。藤沢市の人の作品であればいいというわけではない。それを見て藤沢市を想起できる作品でなくてはならない」（小林氏）。湘南をテーマにしたアートコンテストの作品はそういう意味でも最適だった。

SHONAN NFTアートコンテスト2023のホームページ

「ふるさと納税にNFTを活用した目的はシティープロモーションのため」と語る小林氏。藤沢市のふるさと納税額は23年度に約4億円を見込む。返礼品の拡充も進める一方で、認知拡大にも効果的だ。「ふるさと納税はリピーターが多い」と小林氏。一度話題をつくって知ってもらえればリピーターになってくれる確率も高くなる。そこで活用しようと考えたのがNFTだった。

　NFTアートでの話題づくりは、観光誘致にも生かせる。23年9月末で人口約44万4000人の藤沢市。観光客は新型コロナウイルス禍前の19年度に1929万人、22年度は1700万人まで戻っているが、まだコロナ禍前の水準には至らない。SHONAN NFTアートコンテストに協力して「藤沢市長賞」を設けていることも話題になれば、江の島などへの観光誘致にも効果的だと考えている。

　連携企業のイージェーワークスは、アートコンテストを開催して受賞

作品をNFT化する取り組みを拡大している。23年は、都市型ショッピングセンターのそよら湘南茅ヶ崎のオープニングにあわせたアートコンテストで応募作品約400点から27点をNFT化した。ベトナムの「海」「夜」「食」「人」をテーマにした「VIETNAM NFT アートコンテスト2023」を23年12月31日まで開催している。日越外交関係樹立50周年を節目としたもので、こちらも作品のNFT化を予定している。

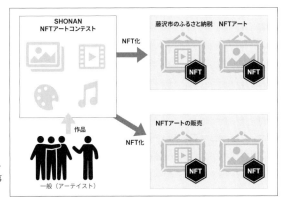

イージェーワークスはアートコンテストからNFT化する事業を横展開する

■NFT活用のポイント

- **NFTアートで話題づくり**
  ふるさと納税の返礼品にNFTアートを採用することでメディアやSNSで話題に
- **NFT活用で地域活性化**
  湘南をテーマとしたコンテストの開催を地域活性化にもつなげる
- **コンテスト作品のNFT化を横展開**
  イージェーワークスは、コンテストで作品を募集してNFT化する取り組みを横展開

（写真／吾妻 拓）🅣

石川県加賀市が「e-加賀市民制度」

Web3、NFTの活用で
関係人口100万人を目指す

石川県の加賀市が、「e-加賀市民制度」の導入を進めている。2023年3月の実証実験の成果を踏まえ、24年3月までに始める。NFTをはじめとしたWeb3技術の活用で、関係人口を増やそうとの試みだ。

「消滅可能性都市からどう復活していくか。地域を活性化するためにテクノロジーをどう活用していくか」──22年12月に開催された「加賀市Web3.0未来エンパワーメント会議」で、加賀市の宮元陸市長は冒頭のあいさつの中でこう述べた。

加賀市は18年に日本で初めてブロックチェーン（分散型台帳）都市宣言をして、行政手続きなどのDX（デジタルトランスフォーメーション）化を進めてきた。その流れの中で、「web3を活用して関係人口100万人を目指す」というのが「加賀市Web3.0都市構想」だ。起業の支援サービスなどを展開して「web3×地方創生」の新たなモデルを構築する。

加賀市は23年3月6〜24日、e-加賀市民制度の実証実験を実施した。約100人のe-加賀市民にe-加賀市民証となるNFTを渡し、活用してもらうものだ。市内外の約150人の応募者からランダムで抽選して実験に参加してもらった。

実証実験で使ったe-加賀市民証のロゴ

■ ワーケーション用に温泉旅館が格安で 乗り合いタクシー利用も好評

実験では、NFTのe-加賀市民証を持っていると、市内の温泉旅館の
ワーケーションプランを利用できるようにした。通常は1万円程度の温
泉旅館が5500円（税込み）で素泊まりできるようにしたほか、通常は
市民のみを対象としている乗り合いタクシーに乗れるようにしたという。
短い実験期間ではあったが、「参加者からは前向きな意見が多かった」と
語るのは、加賀市役所最高デジタル責任者兼イノベーション推進部長山
内智史氏。実験の結果を踏まえ、24年3月までにe-加賀市民制度を本格
的に始めることにした。

北陸新幹線加賀温泉駅が24年3月16日に開業する。多くの観光客が来
てリピーターになってもらい、関係人口を増やしたい――。e-加賀市民
制度は最終的には定住人口につなげることがゴール。e-加賀市民が受け
られるサービスは23年11月時点で詳細を詰めている段階。大きく2つを
考えているという。

加賀市で人気の山代温泉古総湯
© （一社）加賀市観光交流機構

　1つは市内の商店街やECでのサービスだ。商店街で市民証のNFTを提示すれば、例えば観光業では土産物割引といった特典がもらえる。市内の商店などへの協力を依頼したところ、23年11月時点で約40店から割り引きや協賛をとりつけているとのこと。消滅可能性都市から脱却するために、地域全体を魅力化するための協力体制をつくる旗振り役を市役所が担っているという。

　e-加賀市民証を獲得するためのサイトで提供する専用サイトで展開するのがECサービスだ。

　この専用サイトには地域事業者が商品を出品できるようにする。商品は誰でも購入できるが、NFTとも組み合わせた商品を展開することも想定している。

　NFTを活用すれば一般的に、商品にNFTを付けるだけではなく、サービスを受ける権利、商品を割り引きで購入できる権利などの販売も可能だ。NFTをコミュニティーの参加権のように活用することもできる。加賀市でもこうしたWeb3、NFTの可能性を考慮しながら基盤開発を進め、地域事業者とも話をしている。

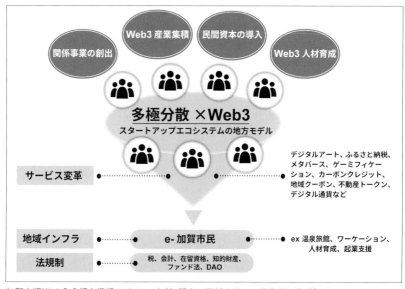

加賀市版Web3.0都市構想のイメージ（加賀市の資料を基に、編集部で作成）

■　ヒントはエストニアのe-residency

　もう1つは、国内外のビジネスノマドをターゲットとしたサービスだ。「e-加賀市民制度はエストニアのe-residency制度を参考にしている」と話す山内氏。e-residencyでは、エストニアに住んでいなくても、リモートでエストニアに会社を設立できる。起業の拠点となり経済の活性化にもつながっているという。

国家戦略特区として、スタートアップビザの特例や開業ワンストップセンターの特例などと抱き合わせて国内外から創業人材を加賀市に集める。その仕組みの中で活用するのがNFTであり、e-加賀市民制度だ。

加賀市は22年、岡山県吉備中央町、長野県茅野市とともにデジタル田園都市国家構想を先導するための国家戦略特区である「デジタル田園健康特区」に指定された。「人口減少や少子高齢化など地方の重要課題にフォーカスし、デジタル田園都市国家構想を先導する特区である」ことを目指したものだ。

国家戦略特区は、世界で一番ビジネスがしやすい環境を創出することを目的に創設されている。温泉観光都市である加賀市は、インバウンド戦略としてビジネス人材を集めやすい枠組みづくりを進める。世界中の"デジタルノマド"が日本市場へ進出する上での足がかりとなることを目指している。

▌ 本格的に活用する自治体は少ない 先進的な取り組み、それだけでやる意味がある

自治体のNFT活用の先行事例としては、新潟県の旧山古志村が紹介されることが多いが、「まだweb3やNFTなどを本格的に活用している自治体は少なく、推進するメリットは大きい」と山内氏。「未知の取り組みなので手探りの状態。関係人口の中でもビジネスパーソンに特化した人を呼び込み、新産業の発展につなげるには、どのようなインセンティブを設計すべきか」（山内氏）。難しい課題も多い。

「先進的な取り組みとして注目されており、やること自体にも意味がある」と話す山内氏はこう続ける。「加賀市は、消滅可能性都市から挑戦

可能性都市へというという目標を掲げている。市として挑戦を続けるからこそ、私も挑戦したいという企業が集まってきたり、加賀市の心意気を買って応援したいという人が集まってきたりしている」

　加賀市は人材育成と先端技術に絞って、挑戦可能性都市を目指す。人口6万3000人ほどだが毎年1000人ずつ人口が減っているという危機感を原動力に、Web3・NFT活用を推進する。

■NFT活用のポイント

・**e-加賀市民証提示で特典**
市内の商店街での商品特典、割り引きサービスも。専用サイトのECサービスでNFTと組み合わせた商品も展開

・**関係人口の創出**
デジタル市民に登録してもらい関係人口を増やして、加賀市を活性化する

・**新しい技術を使うことで注目度が高まる**
未知の領域への挑戦に関心が集まり、関わりたい企業や人も集まる

（画像提供／加賀市）**T**

海外のWeb3・NFTの動向は？
米リップルに最新トレンドを聞く

カーボンクレジット、不動産…
2〜3年でNFT活用は大きく進む

　国内では企業のビジネス活用が進み始めたNFT（非代替性トークン）。海外の動向はどうなのか。2012年に創業し金融機関向けにブロックチェーンを活用し始めた米リップル。XRPという暗号資産を企業向けに活用している。米国のWeb3関連のトレンドをみてきた米リップル社リップル戦略イニシアチブ担当バイスプレジデントの吉川絵美氏に海外でのNFTの動向を聞いた。

米リップル社
リップル戦略イニシアチブ担当
バイスプレジデント
吉川絵美氏

　SBIホールディングスが23年10月23日、2025年日本国際博覧会（大阪・関西万博）において「EXPO2025デジタルウォレット」のサービスの一つとして、万博オリジナルNFTを提供することを発表した。

　そこで使われるのが、開発に寄与しているパブリックブロックチェーン（分散型台帳）の「XRP Ledger」だ。このブロックチェーンは11年に開発着手されて12年に稼働した歴史のあるブロックチェーン。「XRP」

の時価総額は23年11月時点でおよそ370億ドル（約5.6兆円）、1日の取引高は20億ドル（約3000億円）で、XRPはビットコイン、イーサリアムに次ぐ取引量を持つ暗号資産（仮想通貨）で国際送金などに使われてきた特徴がある。ウォレット間の移動が2〜3秒と早いのが特徴だ。

米国でも今進んでいるのは現実資産をいかにトークン化するかということ。例えば証券や不動産などのトークン化が進んでいる。リップル社としても、価値を持つものはすべてトークン化できるという思想（「価値のインターネット」の実現）で事業を進めている。

カーボンクレジットのNFT化
削減効果確認に課題

NFT化という観点でみると、我々が注目しているものの一つがカーボンクレジットのNFT化だ。カーボンクレジットは世界で流通しているが、大きな課題として、実際の削減効果が分からないままカーボン1トン分のカーボンクレジットが売買されていたりする。

しかし今後世界がネットゼロ（温暖化ガスの排出量を正味ゼロにする）を目指していくには、このカーボンクレジットは非常に重要だ。きちんと削減効果を確認できていることを証明できる質の高いクレジットを買う必要があるが、市場はまだそうなっていない。そこでNFTを活用してそれを確認できるようにする取り組みを進めている。XRP Ledgerを活用してカーボンクレジットのトークン化のサポートをしている。

例えば、モーリシャスの「Xange.com」は21年に、NFT化されたカーボンクレジットのマーケットプレイスをローンチする計画を発表した。モーリシャスはWeb3など暗号資産系の規制フレーム化が進んでいる国

の一つだ。同様にWeb3の規制が整備されビジネス環境が整っているのはドバイで、シンガポール同様、いろいろなプロジェクトが集まってる。

モーリシャスの「Xange.com」

▌ 不動産のトークン化
ビルなどの不動産の小口化も

　もう一つは不動産のトークン化だ。不動産をトークン化してデジタル通貨で取引するユースケースが世界中で検討されている。例えばビルなどの不動産を小口化していろいろな人が買える環境をつくる。ブロックチェーンでの取引なら、24時間365日、非常に効率的に決済ができるし、分散化されたセキュリティーの元で取引できるので、単一の障害点がないのがメリットだ。

　実際に23年5月、リップル社と同社のパートナーであるFubon Bankは、香港金融管理局のe-HKD試験運用プログラムの一環として、e-HKD、

不動産トークン、レンディング（融資）プロトコルを組み合わせた不動産資産トークン化のユースケースを実証するために選ばれた。リップルとFubon Bankのソリューションは、リップルのCBDCプラットフォームを活用し、融資の担保として不動産のトークン化を可能にするように設計されている。

このほか米国では債権やプライベートエクイティファンドを小口化する取り組みが活発だ。米国では、現実資産のトークン化が着実に進んでいるというのが実感だ。

カーボンクレジットや不動産とNFTを関連付けにくく目立たないが、大きな動きの一つになっており、多分ここ2～3年くらいでかなり世の中に出てくると思う。世界経済フォーラムは、27年までに世界のGDPの10%がトークン化され、時価総額は24兆米ドル（約3636兆円）になると予測している。NFTも含めて、世界は着実にトークン化されていくのだと思う。（談）　🅣

変化する
マケプレ、
導入支援強化

SBINFTがマーケットプレイス刷新

ゲーム分野への対応強化
マーケ支援など強化へ

　NFT（非代替性トークン）マーケットプレイスを展開するSBINFT（東京・港）がNFTのマーケティング支援を強化している。2021年から運営しているNFTマーケットプレイスを刷新してゲーム分野への対応を強化。総合マーケティング支援ツールの提供とともに同社の事業の柱に据える。ブロックチェーン（分散型台帳）ゲームの台頭をはじめ、企業のNFT活用が増えてきたことを受け、こうした企業の支援事業を拡大する。

　SBINFTが23年11月9日に事業戦略およびステートメントを発表した。事業の柱に据えたのは大きく2つ。NFTマーケットプレイスでのゲーム分野への対応を加速すること。そして、総合マーケティング支援ツール「SBINFT Mits（ミッツ）」での企業活用支援だ。

　SBINFT MitsはNFTを活用したNFTプロジェクトの総合支援ツール。23年11月時点で東北新社、「Ponta（ポンタ）」を運営するロイヤリティ マーケティング（東京・渋谷）など28社がオープンベータ版を利用している。

　NFTを活用するための様々な機能を持つのが特徴。「NFT所有認証機能」「Discord（ディスコード）連携機能」「分析機能」「投票機能」「ミッション機能」「アンケート機能」「抽選機能」「スタンプラリー機能」「物品配送機能」が利用できるほか、23年内に「NFT発行・配布機能」も追加する。

　例えば、NFTを発行して、コミュニティーアプリDiscordのコミュニティーを活用しながら、抽選でサンプル商品を配るといった、商品企画開発、マーケティングになどに応用できる。

SBINFT Mitsのダッシュボード画面（左）。売買履歴なども分析できる（右）（画像提供／SBINFT）

　従来こうしたNFT活用は、それぞれ別のツールを使うなどする必要があったが、SBINFT Mitsを利用すればこれらをまとめて使える。SBINFTはNFTのコンサルティング事業も手がけているが、「NFTをどう活用したらいいのか分からないという相談も多かった」とSBINFTの高長徳社長。企業からのこうしたニーズに合わせる形でツールを開発した。NFT事業を推進する企業向けに、SBINFT Mitsやマーケットプレイスを提供する一環でコンサルティングサービスも提供する。

■ 企業のNFT活用支援も強化

　SBINFTが「nanakusa」を開始したのは21年4月。個人でNFTを発行して販売できるフルオンチェーン（パブリックブロックチェーン上で展開）するマーケットプレイスとしては国内初だった。21年9月にSBIホールディングスの傘下に入っており、現在の「SBINFT Market」では、アートやゲーム関連など約1万点のNFTを扱っている。累計のNFT発行点数は約4万5000点だ。

　一方で、NFTが国内でも大きな話題になって以降、企業が自社でNFTをどう活用するかの模索も始まった。SBINFTはこうした企業とも連携するなどして、NFT事業を後押ししてきた。

　例えば、東北新社とは「IRI-DO（アイリダ）」というWeb3のコンテンツ事業で連携し、コレクティブNFTなどを手がける。

　NFTの認証機能を開発するJPNFT（東京・千代田）とは、無許諾NFTを排除して、正規のNFT流通を進める取り組みを進める。NFTには、ネット上の画像データを勝手にNFT化して販売する無許諾NFTも少なくないからだ。

■ 事業の柱を据える支援ツール「SBINFT Mits」

　ポイントサービスのPontaを手がけるロイヤリティ マーケティングとは24年初頭に、SBINFTのマーケットプレイスでPontaポイントを利用できるようにする。

　NFTはアート作品などが高額で売れて話題になった時代から、企業

がビジネス活用するフェーズに入った。アート作品の販売などは今も続いているが、SBINFTは企業のNFT活用支援も強化して事業を拡大する。「SBINFT Market」をリブランディングし、SBINFT Mitsを事業戦略の柱に据える。

「NFTマーケットプレイスは23年10月、ゲームを中心としたエンタメコンテンツを中心に見せるUI（ユーザーインターフェース）に変更した」と高氏。ゲーム業界で開発が進むブロックチェーンゲームのNFTアイテムを売買できるようにしてゲーム開発会社のニーズに応える。23年6月には、ゲーム特化型のブロックチェーンであるOasys（オアシス）とパートナーシップを結んでおり、ゲームに関連するNFTの販売も始めた。

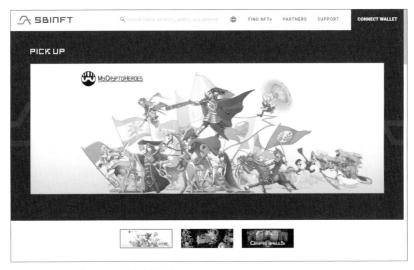

NFTマーケットプレイスはUIを変更した

　NFTマーケットプレイスの運営から、NFTビジネスの支援も加えた事業戦略に大きく舵（かじ）を切ったSBINFT。こうしたサービスの活用で、企業のNFT活用がさらに進む可能性がありそうだ。　**T**

暗号資産交換業大手コインチェック

Web3コミュニティー支援強化
187万口座の顧客基盤活用

　暗号資産の交換大手コインチェック（東京・渋谷）は暗号資産交換業者として国内初のNFT（非代替性トークン）マーケットプレイス「Coincheck NFT」を運営してきた。NFTを販売する一方で強化しているのがNFTを活用したWeb3コミュニティー支援だ。

　注目されたのは2023年8月にサービスを始めた「Coincheck INO（Initial NFT Offering）」。INOとは「初めて販売されるNFTコレクションをNFTマーケットプレイス『Coincheck NFT』で取り扱うこと」と同社は定義する。その第1号案件となったのが、ゲーム開発のドリコムのブロックチェーン（分散型台帳）ゲーム「Eternal Crypt - Wizardry BC -」のNFTコレクションの販売。初期販売分のNFT100個が、わずか47秒で完売したことで大きな話題となった。

Coincheck INOの第1号案件は23年8月に実施された

　販売されたNFTコレクション「Adventurer Genesis Collection」は、NFTを持っていると、先行リリース版のプレーが可能になるとともに、ゲームトークン（暗号資産）を先行して獲得できるユーティリティーが付与されている。Coincheck INOで実施したのは「Allow List

（優先購入権）形式」の抽選販売だ。

　価格は1個0.24ETH（イーサリアム、暗号資産）で、日本円にして約7万円（23年8月29日 12:00時点の400USD相当）に設定した。「NFTの冬の時代と呼ばれるマーケット環境でのINOだったにもかかわらず、国内プロジェクトとしてはかなり大きな反響だった」（コインチェック副社長執行役員の井坂友之氏）

　コインチェックはINOを実施する際、対象とするNFTプロジェクトのホワイトペーパーや今後の展開をリサーチする。日本暗号資産ビジネス協会（JCBA）が示す「NFTビジネスに関するガイドライン」には、NFTをビジネスで活用する際の注意すべき点がまとめられている。コインチェックもこのガイドラインの作成や自主規制・ルールメイクに参画したという。

　Coincheck NFTでのNFT取り扱いを決める際には、このガイドラインを基に審査していく。例えば、有価証券該当性や賭博該当性、著作権侵害の有無などだ。「Web3事業を始めるにあたって、まずはNFTを活用したビジネスを検討する企業は多い。そうした企業にもINOは有効なサービスだと考えている」とコインチェックのCrypto Asset事業本部 NFT事業部長の中村一貴氏は説明する。

　第1号案件が話題になったこともあり、ゲーム業界に限らず、様々な企業からINOの相談を受けているという。「どの企業もWeb3プロジェクトのスタートダッシュをどうするかで悩んでいるようだ。クライアント企業のユーザーにとってコインチェックがWeb3への入り口となり、Web3体験の新しさを届けられるよう、今後もサポートをしていきたい」（中村氏）。コインチェックは23年11月21日、Coincheck INOの第2

号案件としてプロサッカーチームセレッソ大阪の公式NFT「CEREZO OSAKA SUPPORTERS NFT」を発表した。

　コインチェックの強みは、暗号資産交換事業者で国内最大と言われる、187万口座（2023年10月末現在）の顧客基盤にアプローチできる点だ。「すでに暗号資産の取引口座を持っており、NFTにも理解があるユーザーだ」と井坂氏。こうした顧客基盤を活用してNFTのプロジェクト支援でも活用する。

■　4例しかない国内IEOのうち2例を実施

　コインチェックは、Web3ビジネスの資金調達の手法として「IEO（Initial Exchange Offering）」も扱っている。企業などが暗号資産を発行し、その販売を取引所に委託するというものだ。取引所は、上場を前提にその企業や暗号資産を審査する。IEOは株式の新規上場（IPO）に似ており、INOに比べて会計監査のポイントなど細やかな審査が必要になる。そのため、国内ではまだ4例しか事例がない（23年11月時点）。

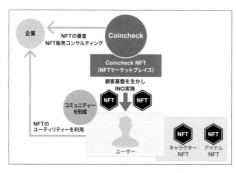

コインチェックはINOなども実施しながらNFT活用の支援を拡大する

　うち2例をコインチェックが実施し、自社の3例目となる新たなIEOも発表した。「今後も、国内のIEOをもり立てていきたい」と話す井坂氏。

「INOにしてもIEOにしても、金融機関として厳正な審査ができる体制を整えている」(井坂氏)

▍NFTの発行を目的にせず、提供できる体験価値を明確に

INOはNFTを活用するなら検討してみたい手法の一つ。ポイントはどこにあるのか。

中村氏は「ビジネスの根幹は、何かしらの体験価値をユーザーに提供することだ。NFTによって、これまで生活者が知らなかった体験価値が生まれる可能性がある。NFTを用いた体験価値が明確なプロジェクトをINOで支援していきたい」と説明する。

ファンコミュニティーの体験のあり方がNFTによって変わるかもしれないと指摘するのは井坂氏だ。NFTは「推し活」との相性がいいというのだ。熱量の高いファンは、様々なハードルを超える力を持っている。そうしたファンを動かすために、NFTを活用したコンテンツでどのように熱源をつくっていくかが鍵を握る。「NFTの発行や販売自体が目的にならないほうがよいだろう」(井坂氏)

コインチェックは、同社の強い顧客基盤を生かしてWeb3事業への参入に挑戦する企業への支援を、さらに強化したい考えだ。

「コインチェックでしか買えないオリジナルコンテンツが増えていけば、新しいユーザーが増え、さらに顧客基盤が強くなっていく」と井坂氏。それがまたWeb3を活用する企業の支援強化にもつながる。「こうした循環を回すことが重要だ」と言う。 **Ⓢ**

NFTマーケットプレイスが果たす役割

初心者の取り込み狙う
Adam byGMO

NFTを購入するにはマーケットプレイスを利用するのが一般的だ。国内ではSBINFTの「SBINFT Market」や楽天グループの「楽天NFT（Rakuten NFT）」など様々なNFTマーケットプレイスがある。GMOインターネットグループのGMOアダムが運営する「Adam byGMO」もその一つだ。「Adam byGMO」はアートやイラストなどの作品を中心に扱うほか、2021年末には、作曲家故坂本龍一氏の楽曲の「音」をNFTとして販売し、大きな話題となった。今、NFTマーケットプレイスではどのようなものが売れているのか。

「Adam byGMO」が作曲家の故坂本龍一氏を代表する楽曲「Merry Christmas Mr. Lawrence」のメロディー595音を1音ずつNFTに分割し、販売したのは、2021年12月だ。価格は1音につき1万円だったが、即完した。

　21年末といえば、まだNFTの目新しさから、投機的な目的で購入したユーザーもいるだろう。しかしその熱が一段落した現在は、「新たなトレンドとして、ファンがグッズとしてNFTを買うようになってきているのではと見ている」と話すのはGMOアダムの服部遥社長だ。

　例えば、ある人気俳優が、購入者の似顔絵を描いてくれる権利をNFTとしてオークション販売したところ、180万円で落札された。熱心な愛好家がいる分野のNFTはよく売れる。東京メトロ（東京地下鉄）が引退した過去の車両デザインをNFT化して販売したところ、好評を博した。「やはりコアなファンを持つIP（知的財産）は強いという印象だ」と服

部氏は話す。

Adam byGMOで人気の
NFT。クリエイターの
作品のほか東京メトロの
NFTなどもある

Adam byGMOでは、個人クリエイターが自分の作品をNFTとして出品することも可能だが、ただアート作品を出品するだけでは売れなくなってきているという。そこで重要になってくるのがユーティリティーを持つ「機能するNFT」だ。

　GMOアダムでは、様々な機能をNFTに付与するサービスを展開する。例えば、「チケット機能」。NFTがチケットとなり、個展やイベントなどに参加できる権利を得る。「コミュニティ機能」も便利だ。NFTを持っている人だけが、コミュニティーアプリ「Discord（ディスコード）」に参加できる機能を提供する。NFTを持つ人限定のファンコミュニティーの運営が簡単に始められる。さらには、外部サービスと連携する「API機能」もある。NFTを持つ人だけがアクセスできる限定サイトの認証などにも活用できる。

Adam byGMOは23年7月時点でアイテム数が約5万4000種類、登録ユーザー数が10万人超

徹底的にNFT購入のハードルを下げ、初心者にも使いやすいサービスに

　自社が保有するIPをNFTに活用したい企業からの問い合わせも多いという。「NFTメインの企画というより、何かの企画の一部としてNFTを活用したいケースが多い」（服部氏）。過去に受けた相談では、人気アイドルのカレンダーに使う写真として、採用されなかったアザーカットをNFT化してはどうかという提案をしたこともあったという。こうしたクリエイティブの副産物も、ファンにとっては貴重なアイテムとなるだろう。「NFTそのもので収益化を図りたいというより、ファンとのつながりを深めるサービスの一部としてNFTを使う事例が増えている」と服部氏は語る。

　Adam byGMOの大きな特徴といえるのが、サイト上に出品されているアイテムの多くが、実はまだブロックチェーン上に乗っていない点だ。ユーザーはアイテムを「出庫」し、オンチェーン化することで、外部に流通するNFTにできる。これは、NFT初心者にもできるだけ使いやすいサービスにしたいという同社の狙いがある。決済は一部、暗号資産（仮想通貨）のイーサリアムも使えるが、基本的にはクレジットカードと銀行振り込みだ。アカウントの作成も、メールアドレスと電話番号のみで可能にするなど、徹底的にNFT購入のハードルを下げる。

「ユーザーにはNFTをあまり意識せずに利用してほしい。NFTがより便利に使えると分かったときに、オンチェーン化してもらえればいい」と服部氏。Adam byGMOは23年7月時点で、ユーザー数が10万人を突破した。NFTの販売のみならず、NFTの活用を後押しする役割を強化しながら利用者をさらに拡大したいという。

（画像提供／GMOアダム）Ⓢ

NFT活用、企業は何に注意すべきか

島雅和弁護士に聞く

Web3・NFTビジネスで
知っておきたいルールや課題

　日本のWeb3環境をめぐる法制や税制、会計制度には、今、どのような課題があるのだろうか。これまで多くのWeb3企業を支援してきた、森・濱田松本法律事務所パートナー増島雅和弁護士に質問してみた。

増島雅和

（ますじま・まさかず）
森・濱田松本法律事務所パートナー弁護士（日本/
NY州）・弁理士。シリコンバレーの法律事務所でスタートアップ法務に携わった後、金融庁に転じ銀行・保険監督に従事。シンクタンクのフェローを経て現職。規制改革推進会議、デジタル市場競争会議、デジタル臨時行政調査会などの作業部会委員を歴任し、日本の諸規制のデジタル化の旗を振る。

──**暗号資産、トークン、NFT、言葉の定義を改めて教えてほしい。**

　「暗号資産」とは資金決済法に定められた用語で、もともと「仮想通貨」と呼ばれていたもののことをいう。

　最初に仮想通貨と呼ばれるようになったビットコインは、未来のデジタル支払い手段として期待されていたため、法律でも「通貨」という用語を使っていた。しかし、法定通貨に比べて短期間のうちに相場の上げ下げが大きく、安定的な支払い手段というよりは投機資産に近いという

ことで、2020年5月に施行された改正資金決済法で「暗号資産」と改められた。

　法律の暗号資産の定義は少々複雑なので、要素を簡略化して暗号資産とはなにかを説明すると、インターネット上でやりとりすることができる財産的価値で、不特定の人との間で支払いに利用することができて、また法定通貨や他の暗号資産と相互に交換することができるもののうち、法定通貨や法定通貨建ての資産ではないもののことをいう。

　代表的な暗号資産としてはビットコインやイーサリアムなどが挙げられるが、ブロックチェーン（分散型台帳）を用いれば、誰でもすぐに独自の暗号資産を発行することができる。現在では無数の暗号資産が存在し、日本では現在90弱の暗号資産が取引所で取り扱われている。

■　トークンは媒体にすぎない

　Web3においては「トークン」という言葉がよく使われるが、しっくりくる日本語訳としては「証票」ないしデジタルなトークンである特徴を捉えて「電子証票」といったところだろう。トークンは単なる媒体にすぎず、トークンの保有者が持つことができる権利や権益に応じて種類分けされて呼ばれている。例えば、コミュニティーなどで特定の便益を受けることができる「ユーティリティートークン」、事業の方向性などを決める投票権として機能する「ガバナンストークン」、有価証券がデジタル化された「セキュリティートークン」など、様々な種類のトークンが存在する。

　ただ「トークン」とだけ言った場合には、一個一個の個性に着目せずその数量がもたらす価値の表示に着目する代替性トークン（FT：Fungible

Token）を指すことが多い。FTの多くは暗号資産として資金決済法により規制されるが、セキュリティートークンは有価証券として金融商品取引法により規制される。

　法定通貨建てのトークンは、特定の加盟店ネットワークで商品代金の支払いとしてしか使えないものであれば電子マネー（前払い式支払い手段）として、加盟店ネットワークなどとは無関係に個人間の送金や支払いなどにも用いることができるものはステーブルコイン（電子決済手段）として、それぞれ資金決済法により規制される。このようにFTは通常、なんらかの金融規制のもとに置かれることになる。

　これに対して、一個一個の個性に着目するタイプのトークンをNFTといい、これはNon-Fungible Token（非代替性トークン）を略したもの。FTのように数量によって価値を表示するものではなく、それぞれのトークンの個性によって人々が価値を認めたり認めなかったりするものなので、NFTは支払い手段として用いられることは想定していない。

　FTが金融商品的な特徴を持つのに対して、NFTは物品的な特徴を持つことから、NFTは通常は金融規制が課されない。ただ、NFTに金融規制が課されないというルールにしてしまうと、大量のNFTを発行して数量に着目した支払い手段として利用できるようにすることで、規制を潜脱されてしまう。そこで日本では、最小取引単位あたりの価格が1000円以上であったり、発行総量が100万個未満であったりするなど、支払い手段としての使い勝手が悪いようにデザインされたNFTについては、基本的には暗号資産には当たらないという線引きをしている。サービス提供者がそれを支払い手段として用いるサービス設計としていない限りだ。

　なお、NFTもトークンである以上、単なる媒体にすぎないので、NFTに法律により規制対象となっている資産、例えば有価証券を乗せようとすれば、そのNFTは当然に有価証券として規制される。

──Web3への投資促進のために、法的にどのような後押しが必要か。

　Web3への投資という観点からは、現在、スタートアップ投資に用いられている投資事業有限責任組合と呼ぶ投資ファンドが、法律上、暗号資産に投資できないことが、Web3スタートアップに対する投資活性化の足枷（あしかせ）になっている。Web3という新しい産業に資金を供給するのはベンチャーキャピタルであり、そのベンチャーキャピタルが資金供給のために組成するファンドが暗号資産を持てないというルールは、早期に改善される必要がある。

　ファンドは現状、Web3スタートアップにエクイティ投資をした上で、将来トークンを発行し取引所に上場する際には、総発行数のうち一定割合を受け取るという約束をしている。プロジェクトがうまく進行すれば、例えば2年後にもトークンを上場するフェーズが来るはず。そのときに約束したトークンをファンドが受け取ることができないというのはベンチャーキャピタルとしても困るはずだ。24年の通常国会に法案を提出することができるよう、現在急ピッチで検討が進められているところだ。

──企業が暗号資産を発行してプロジェクト単位で事業資金を集めるIEOの活用例も出てきた（23年11月時点、国内で4例）

　IEO（Initial Exchange Offering）は、暗号資産交換業のライセンスを持つ取引所にトークンを売ってもらい資金を集める方法だ。取引所や日本暗号資産取引業協会（JVCEA）の審査を経て、取引所が金融庁

に届け出を行うことによって利用できる。

　資金決済法では、企業が暗号資産を公衆に向けて販売するためには、基本的に暗号資産交換業のライセンスを持たなければならないこととされている。しかし、このライセンスは取得が難しく、発行者自身がライセンスを取得することは現実的ではない。そこで、発行者がライセンスを持つ取引所に暗号資産を代わりに販売してもらう方法が考えられる。これが日本におけるIEOのモデルである。

　しかしIEOも、ルールをしっかり整備しないと暗号資産を取引所で売り出した後に、公募価格割れして値が戻らないという事態が生じる。こうした問題に業界全体で取り組もうと、私がアドバイザーを務める日本暗号資産ビジネス協会（JCBA）では、IEO制度の改善に関する初期提案を策定し、23年9月にJVCEAに提出、取引所の自主規制の制定を要請したところだ。

▍トークン発行体と　それを持つ側の税務、会計の課題

──企業の税務や会計処理の法的課題は？

　税務の話か会計の話かで分けて議論する必要がある。さらに、トークンの発行企業とトークン保有者のどちらの課題かも分けて議論しなければならない。

　Web3を進めるには、Web3ビジネスをやるトークン発行企業がなくてはならず、その意味でまずはトークン発行企業側の税と会計の問題を解決しなければならない。一方で、トークンを持つ人がいなければ、経

済圏は広がっていかない。トークン保有者の税と会計のルールが適切でなければ、誰もトークンを持ってくれないだろう。Web3というビジネスモデルが構想する形でトークン経済圏を成長させることができるよう、発行者と保有者のそれぞれに対する税と会計のルールを調整する必要がある。

──自社で発行するトークンを保有する場合の課税ルールが23年6月に変わった。

これまでは、Web3企業が自社で保有しているトークンに対しても期末時価評価課税がされていた。Web3企業は最初にトークンの総量を発行し、トークンの需給を調整するために少しずつ処分していくことが想定されている。

取引所で価格が大きく変動するトークンについて期末で時価評価して課税されると、期末に高かった価格で税金を納めなければならないのに資金がないという事態が発生しうる。納税資金をつくるためにトークンを売ってトークン価格が暴落する、などといったことではトークン経済圏の維持は図れない。下手をすれば納税資金が不足して倒産するなどといったことも起こりかねない。

これはWeb3ビジネスにとってクリティカルな問題だということで、業界挙げて声を上げたところ、自社発行し、まだ市中に出回っていないトークンについては、移転を制限する技術的な措置を講ずるなど一定の要件を満たすことを条件に、期末時価評価課税の対象から外すというルールになった。

──トークンを持つ多くの企業が高額な課税を避けるために、海外法人

を利用しているのはなぜか。

　発行者に限らず、トークン経済圏に参加してビジネスを行うには、その企業も当然トークンを持つ必要がある。トークンにどのような機能を持たせるにしても、トークンはWeb3企業の提供するサービスに対するコミットメントとしての側面を持つ。

　Web3企業と連携してビジネスを行うパートナー企業が、当のトークンを持っていないというのは、Web3企業のサービスにコミットせずに提携しようということで、このような事態は不健全だし、ビジネスもうまくいかない。しかし現状のルールでは、他社が発行したトークンについては、引き続き期末時価評価課税の対象となる。トークンの値動きは激しいため、納税時と期末時点での価格が乖離（かいり）していることも多く、パートナー企業には大きなリスクとなる。現状、パートナー企業がこのようなリスクを回避するには、実態のある海外法人をつくり、そこにトークンを持たせるという方法が一般的だ。期末時価評価課税などと言っているのは知る限り日本だけで、これはWeb3産業をあるべき方向に発展させるための大きな障害となっている。一刻も早く是正すべきだ。

NFTビジネスを進める上で考えなければならないこと

——企業がNFT事業を立ち上げようとした際に、注意すべきポイントは？

　NFTはただの「媒体」にすぎず、そこにどんなコンテンツや権利を乗せるかが重要だ。NFTは流動性が高いことが特徴だが、それを生かしてどのような工夫ができるかが大きなポイントとなる。

238

　NFTのカテゴリーとしては、アートやコレクティブ、ゲーム、チケットなど様々あるが、NFTに何のコンテンツ（権利）をどのように乗せるかは、NFTの発行要項、シンプルに言えば利用規約によって決まる。

　この利用規約は法律上では「定型約款」と呼ばれるもので、公正な内容となっていて定型約款を契約の内容とすることを世の中に公表しておくことにより、利用者はその内容に法的に拘束される、という民法のルールにのっとったものだ。このルールを使って、NFTの利用規約を開発していくことになる。

　利用規約によって発行者とNFT保有者の間に成立させることができるのは契約関係、つまり債権債務の関係だ。NFT保有者は発行者に債権を持つことになる。NFTを使った事業では、NFTを移転することによって、NFTの旧保有者が持っていた権利を新保有者に移転するということをやりたいのが通常だ。そうでなければ権利がNFTに乗っていることにならない。

　しかし、債権を確定的に移転するためには、発行者に対する一定様式を満たした通知をするか、発行者が一定様式を満たした承諾をする、いずれかをしなければならないというのが民法の「対抗要件」というルールだ。この様式を満たすのが難しく、NFTにどうやって権利を載せるのか、実務では試行錯誤が続いていた。最近は、新たな考え方もでてきている。

　そもそもNFTで何をトークン化させたいのか、トークン化することで保有者にどのような便益を与えたいのか、その本質をよく考える必要がある。それは「所有権」ではなく「所有感」なのかもしれないし、「利用権」なのかもしれない。NFTによって利用者に与えたいベネフィッ

トを考え抜き、様々なルールに抵触しないように規約を開発する。NFT
プロジェクトは、プログラムコードだけではなく規約というルールも併
せて開発しなければならない。こうした規約を開発する作業はリーガル
エンジニアリングなどと呼ばれており、プロダクトを開発するエンジニ
アと連携してワンチームとなって進めることが増えてきている。

──今後のWeb3ビジネスの展望を聞かせてほしい。

　私が仮想通貨、ブロックチェーン領域に本格的に関わるようになって
9年がたつ。仮想通貨の法制化、消費税問題の解決、パブリック・ブロ
ックチェーンの優位性の啓蒙、自主規制機関の設立、暗号資産の規制強
化、セキュリティートークンの法制化、暗号資産の冬、ステーブルコイ
ンの法制化と、この9年間、クリプト業界の皆さんと共に本当に大きな
変化を経験してきた。

　Web3を政府が産業政策として捉えたことで、企業も暗号資産を扱い
やすくなり、税制と会計のめどもついて、投資もある程度の形ができつ
つある。これからは、ゲーム会社などのコンテンツプロバイダーがより
多くの人の暗号資産へのアクセスを主導していくだろうし、法定通貨を
扱うクレジットカード会社のような事業者もWeb3領域に積極的に参加
してくるようになるだろう。

　政府が構想するWeb3戦略は短中期と長期の二段構えになっている。
短中期の戦略として、この2～3年でWeb3に関連するルールを整備し、
Web3が産業として持続していくための制度基盤を整えていく計画だ。お
そらく25年くらいには、かなり環境が整うはずで、これからWeb3ビジ
ネスはさらに面白くなってくると思う。

■参考になるサイト

NFTビジネスに関するガイドライン
https://cryptocurrency-association.org/nft_guideline/

NFTに関して法律上の論点となりやすいトピック

法規制	論点	結論
有価証券該当性	NFTが有価証券（集団投資スキーム持分）に該当しないか	以下を満たさないようにNFTをデザインすれば有価証券に該当しない ・金銭や暗号資産等を拠出 ・拠出資金を充てて事業を実施 ・収益や資産を分配 ※有価証券をトークン化したものは当然に有価証券に該当する
暗号資産該当性	同種のNFTを多数販売する行為が暗号資産の売買として交換業に該当しないか	不特定の者に決済手段として使用できないようNFTをデザインすれば暗号資産に該当しない（具体的には以下の点に注意する）。 ・約款への明記やシステムにより、決済手段として利用できないようデザインする ・決済手段として利用しにくくなるよう、以下を目安にNFTをデザインする ・最小取引単位が1000円以上 ・総発行数が100万個以下
前払式支払手段該当性	他の商品等と交換可能なNFTが前払式支払手段に該当し、届出や登録を要しないか	発行者や加盟店等で特定の物品等と交換できる（ビール券類似）、特定の施設やサービスの提供を受けられる（回数券・チケット類似）、支払いに利用することができる（電子マネー類似）など、前払式支払手段の定義に当たらないようにNFTをデザインすれば、前払式支払手段として届出・登録を要しない
賭博罪該当性	NFTの販売・取引方法が賭博罪に該当しないか	賭博の定義は広く、NFTのビジネスモデルに照らした類型的な検討が必要。 特に、NFTの一次販売業者が二次流通市場を運営し、売買手数料を取得するにとどまらず、自らが販売価格よりも低い価格で買い取りに応じている場合には、賭博場開張等図利と見られる可能性がある点に注意
景品表示法規制	NFTが景品類として取り扱われた場合に、提供可能な最高額・総額が制限されないか	NFTが景品として用いられれば景表法が適用されるため、景表法に基づき提供可能な範囲でNFTを提供すればよい

（写真／吾妻 拓）Ⓢ

企業から寄せられる相談
何が課題となるのか

これからNFT（非代替性トークン）の活用を考える企業にとって、まずは何を考えるべきか。コンサルティング大手のアクセンチュアのビジネス コンサルティング本部 ストラテジーグループ マネジング・ディレクターの唐澤鵬翔氏と同社ビジネス コンサルティング本部 ストラテジーグループ コンサルタントの宮本明佳氏に聞いた。

何をNFTにするのか
重要な「トークナイゼーション」

Web3を考えるにあたってまず大事なのは「トークナイゼーション」という考え方だと思っている。デジタルの世界では情報（インフォメーション）の話がメインだったが、トークナイゼーションは価値（バリュー）が主役になってくる。要はリアル世界で価値のあるものを何かしらの形でトークン化していくこと。IP（知的財産）やアートもあるが、ステーブルコインと言われるものは通貨をトークナイゼーションしているものだ。債権や証券などのキャッシュフローがついているものは「セキュリティートークン」という形になっている。NFTはこうしたトークナイゼーションの中の一つだ。

トークナイゼーションをすると何がよいのか。

1つは「唯一性を担保」できること。所有権の主張が可能だし、希少性も創出できる。

　2つ目は「流動性を創出」できること。ブロックチェーン（分散型台帳）を使えば価値の移転が容易で、n次流通の市場形成も簡単だ。

　3つ目は「開放性＆包摂性」だ。トークンは企業が国を横断して運用できるし、個人の属性は関係なく利用できる。

　トークナイゼーションで何が変わるのか。これまで非対称性や偏りが大きく、部分的に独占され、隠されてきた「価値」の開放、民主化、再定義が可能になることが重要な観点。具体的には3つ領域があると考えている。

　1つは、これまで過小評価されてきたIPやコンテンツ、地方の資産などの価値をグローバルにフェアな価値として流通させることができる。

　次に、コミュニティーやESGなど最終結果のみならず、過程や活動そのものに価値があるものを可視化することで新たなアセットを創出できること。

　最後がロイヤルティーポイントやユーザー認証やIDなど、個人が自己主権を保持し価値の恩恵が受けられるようになることだ。

▌NFTはコレクティブアイテムから　ユーティリティーとしての活用へ

　そこで、NFTの活用にはまず、自社で何をNFTにするのかが重要になる。NFTが話題になった当初は、アートコレクションなどコレクティブルズといわれるものが主流だったが、これは今限定的だ。

NFTにコミュニティーやイベントへのアクセス権を付与したり、商品やサービスなどを割り引いたりするマーケティング的な使い方も増えている。顧客エンゲージメントの拡大やカスタマーのロイヤルティーを高めるのにNFTは相性がいい。

事業やプロジェクトを促進したり、ステークホルダーの価値を高めたりするのに使うケースもある。企業が実現したいユースケースに合わせてユーティリティー（下図のUtility）として使っていくことが効果的だ。

企業におけるNFT活用のためのアプローチ

Collectibles		• 対象物自体に希少性や収集価値があるもの
Utility	Access	• 特定コンテンツやコミュニティー、イベント、場所などへのアクセス
	Reward	• 製品やサービスの割引、無償化など金銭的対価との交換
	IP	• 独自の知的な創作物やアイデアの主張、他社利用制限、商用化
	Governance	• 組織運営や企画を進めるための議題への参加、起案、投票
	Identity	• 特定の個人や団体を示し、関連情報や属性を示すもの
	Credential	• 特定の機関や団体によって発行された実績や資格に対する証明

• 従来注目されてきた収集品（Collectibles）としてのNFT活用効果は限定的
• 企業が実現したいユースケースに合わせ、企業のアセットと各種Utilityを組み合わせて使っていくことが効果的

NFTをどう活用したいかが重要（アクセンチュア提供の資料を基に編集部で作成）

海外の事例をみてもこれは同様だ。もともと価値があるものをトークナイズしている例が多い。

例えば、アラブ首長国連邦（UAE）のアブダビに本拠を置くエティハド航空は、マイレージも活用したロイヤルティープログラムにNFTを

活用する。NFT購入者には、マイレージメンバーシップの上位クラスのステータスが1年間付与される。NFTの取引履歴などから、優良顧客をターゲティングしたマーケティング施策も可能という。

イタリアの自動車メーカー・アルファロメオは、車両のメンテナンスの証明書をNFTで発行しているという。イタリア車は故障しやすいなどといわれるが、適正に整備されていれば壊れにくくなる。整備していることが分かればリセールバリューも上がるし、故障もしにくくなるというのだ。

NFTの企業活用は進んでいるが、課題は大きく3つある。

1つはユーザー体験の悪さ。秘密鍵の管理などの複雑な仕様は使いにくい。これを改善しようと、大手企業も動いている。今後ユーザーフレンドリーな利用環境を整えることが重要だ。

もう一つは、従来から持つデータとブロックチェーン上のデータをどう統合して使っていくか。既存システムとどうつなげばいいのか、どの企業も模索している。

最後はNFTなどWeb3関連の規制の問題。NFTの内容を含む改正ガイドラインは23年春にできたばかり。まだ流動的な状況で、規制が変わればすぐ対応する必要がある。会計上の処理が不明確という意見もあり、監査法人などでも模索が続いている。（談）　🅣

NFT活用、
今後どう
変わる？

世界レベルの無視できない結果を出したい

渡辺創太氏が描く
Web3の未来図

日本発のパブリックブロックチェーン「Astar Network（アスターネットワーク）」のファウンダーであり、シンガポールに拠点を置くWeb3企業「Startale Labs Pte Ltd（スターテイル・ラボ）」のCEO（最高経営責任者）である渡辺創太氏がWeb3業界で大きく動いている。

　2023年6月にソニーネットワークコミュニケーションズと資本提携し、新たなブロックチェーンの共同開発を発表。同10月には、シンガポールにSony Network Communications Labs Pte. Ltd.も設立した。

　世界からも注目される「SOTA WATANABE」はWeb3でどんな未来図を描いているのか。話を聞いた。

渡辺創太（わたなべそうた）
スターテイル・ラボCEO
Astar Network、Next Web Capitalファウンダー。22年に「Forbes」誌の選出する日本とアジアの30歳以下の30人に選出された。日本ブロックチェーン協会の理事も務める。

Question 今の日本のWeb3の状況をどのように見ていますか。

　今のWeb3の全体的な流れは、歴史的に見ても大きなチャンスだと思っています。米国が制度の課題で遅れを取っている中で、アジアを中心にこれだけ機運が高まっているのは今までなかったことです。Web2.0では、日本企業が大きく負けてしまったのは誰が見ても明らかでしょう。Web3時代には、再びソニーやトヨタのような世界的な会社やプロダクトを、日本から立ち上げることが重要だと思っています。もはや僕のライフミッションですね。

Question ソニーネットワークコミュニケーションズとスターテイル・ラボは、資本提携して新たなブロックチェーンを共同開発すると発表しました。

　僕は、戦後の経済の混乱を抜けてはい上がってきた世代の起業家が好きで、特にソニーの盛田昭夫さんをとても尊敬しています。今回、ソニーネットワークコミュニケーションズから出資をいただき、一緒にジョイントベンチャーを立ち上げ、新たなブロックチェーンを開発することになりました。これはうまくいけば、日本が世界の中心に立てる可能性のあるプロジェクトだと思っています。

　実はAstar Networkを立ち上げたころ、元ソニー社長の出井伸之さんに出資をしてもらっています。ソニーネットワークコミュニケーションズは出井さんがソニーの社長時代にできた会社だと聞いています。そんな会社と、資本提携とジョイントベンチャーの設立をさせてもらったので、強い責任を感じているところです。勝手ながら盛田さんや出井さんからのバトンを受け継いだと思っているので、必ず結果を出さなければいけません。

Question KDDIとの協業も発表しました。

KDDIは「αU（アルファユー）」というブランドで、NFTマーケットやウォレットを提供しています。これらのサービスに、今、我々が開発している、イーサリアムのレイヤー2ソリューション「Astar zkEVM Powered by Polygon」を対応できるようにします。レイヤー2とはブロックチェーンの外でデータ処理などをできるようにすることで、ブロックチェーンの負担を減らす技術です。

今後、αUの中に、Astar Network上で発行されたNFTやエンタメコンテンツも入ることになります。

▍誰もNFTと意識せず、「便利だから使う」という世界になる

Question Astar Network上でのNFTの活用事例を教えてください。

23年4月に実施したカルビーのポテトチップスのキャンペーンは話題になりました。ポテトチップスの空き袋を折りたたみ、対応のウォレットで写真を撮影するとNFTがもらえるというものです。NFTを活用したキャンペーンが革新的なのは、これまで把握できなかったロイヤルティーの高いカスタマーを追えるということです。ブロックチェーン上のデータを追えば、NFTを多く持っているウォレットが分かり、リスト化できるのです。新しい顧客マネジメントシステムとしての役割を果たせるようになるでしょう。

他にも、セブンイレブンにあるセブン銀行の端末で寄付をするとNFTがもらえるキャンペーンや、JR九州が実施した特定の駅に行くとNFTがもらえて、特典につながるキャンペーンなど、23年以降は、こうしたロイヤルティーを把握するようなユースケースが増えました。

　ただ、ゆくゆくは、NFTと誰も言わなくなるようになると思います。皆さん、インターネットは便利だから使っているだけで、わざわざ「インターネットを使う」とは言わないですよね。それと同じように、ユーザーはNFTだと意識しないまま、便利だから使っているだけという世界になると思います。

Question 今後、企業がNFTを活用する上で、どのようなことがポイントになるでしょうか。

　2つあると思います。1つは、譲渡ができないNFT「ソウルバウンドトークン（SBT）」の活用です。売り買いが目的とならず、いい意味でロイヤルティーカスタマーマネジメントのツールとして生きてくるのではないのでしょうか。もう1つは、不動産などのような資産価値をNFTで分割して流動性を高めるのに、効果を発揮すると思います。

　将来的には、既存金融とWeb3の金融との境目が曖昧になっていくはずです。権利を小口化して、その所有権を暗号資産（仮想通貨）で支払うというのが、日常になるでしょう。ただ、Web3はWeb2.0を置き換えるものではありません。Web2.0を補完するものだと思いますね。

Question そのような世界がきたときに、Astar Networkはどのようになっているのでしょうか。

　Astar Networkは、インフラとしてバックボーンを支える存在になっていたいです。Astar Networkという名前をみんなが知っている必要はないのです。日常的に使われて、トランザクションが生まれて、健全に価格に反映するようなモデルがいいですね。

今はまだブロックチェーン自体が完成していないので取り組んでいるのですが、10年後にまだインフラをやっていたら負けだと思います。その頃には、インフラ上で何かサービスをやっていると思いますね。僕は核融合などのエネルギーに興味があるので、例えばサプライチェーンやカーボンクレジットといった関連領域でブロックチェーンを絡めて展開したいです。エネルギーの配送を効率化するのにトークンをインセンティブに使うなど、アイデアはいろいろあります。

■ 変化は24年の春ごろに来る？
Web3の波をつかむタイミングが重要

Question 現在はどのようなことに注力しているのでしょうか。

今は、「Astar zkEVM Powered by Polygon」の開発を急いでいます。zkEVMは、イーサリアム仮想マシン（EVM）とゼロ知識証明と呼ばれる技術を合わせたもので、イーサリアムベースのアプリに高いスケーラビティー（拡張性）を提供することができます。今後の主流になるといわれており、ここで、一番のポジションをとっていきたいです。

何を作るかも大事ですが、結局タイミングが重要です。こうした技術的な波もそうですし、政治やマクロ経済など様々な波がある中で、僕たちはタイミングを外していない自信があります。どんなビジネスでもそうだと思いますが、利用者が増え成功するときは、どこかで指数関数的にグッと伸びるポイントが必ず来ます。そのときに自分たちが、どこで誰といるかが一番重要なのです。

Question それは、いつごろ来るのでしょうか。

　いつ来るかは分かりません。ただ、24年の春くらいには、何かが起こると思っています。重要なのは、トレンドになる前に仕込むことです。Web3がまた盛り上がることを前提として、どこにポジションを取って、それがいつで、それまでに何をしなくてはいけないのか。それを考えながら日々取り組んでいます。

Question 日本がWeb3で勝つためには、どんな課題を解決する必要があるでしょうか。

　やはり法律と税制です。日本は法律が先にないと前に進めないところがあります。これは国民性や国家の成り立ちの話になるので、仕方がないとも思っています。ただ、他社発行暗号資産の期末時価評価課税の問題 (※1) は、早く改善してほしいですね。

　今、スターテイル·ラボはシンガポールの会社なのですが、将来的には日本に本社を戻したいと思っています。時価総額を1兆円ぐらいまで伸ばして、無視できないくらいの存在まで持っていけば、国も動いてくれるかもしれません。税制に意見するにしても、SNSなどで騒いでいるだけでは物事は進みません。しっかりベンチマークとなる実績を作り、それをうまく政治にフィードバックする仕組みが必要だと思います。そのためにまずは一企業として世界レベルの無視できない結果を出したいと考えています。

　　※1　暗号資産の期末時価評価課税とは、保有する暗号資産の期末時点での評価額に対して含み益が出た場合に、その分が課税対象となる制度。23年6月、自社発行分の暗号資産については対象から除外されたものの、他社発行分に対しては引き続き課税の対象となっている。

（写真／吾妻 拓）Ⓢ

葉工大では学位証明書をNFTで発行

伊藤穰一氏が考える NFTの現状と未来

　千葉工業大学の学長であり、デジタルガレージ 共同創業者 取締役の伊藤穰一氏。NFTアートのコレクターとしても知られ、web3ベンチャーへの投資ファンドを立ち上げるなど、その可能性に早くから注目し、積極的に発信してきた。企業のNFT活用が進む現状を伊藤氏はどのように見ているのか。千葉工業大学のNFTの活用事例を交えて、NFTの未来について聞いた。

伊藤穰一（いとうじょういち）
デジタルガレージ 共同創業者 取締役
学校法人千葉工業大学 学長デジタルアーキテクト、ベンチャーキャピタリスト、起業家、作家、学者。米マサチューセッツ工科大学（MIT）メディアラボ所長、ソニー、ニューヨークタイムズ取締役などを歴任。デジタルガレージ取締役。デジタル庁デジタル社会構想会議構成員。

Question 今、注目するNFT活用の事例はありますか？

　マイナンバーカードを活用した「マイナウォレット」が面白いですね。マイナンバーカードをタッチするだけで、NFTがもらえるようになる技術です。a42x（神奈川県茅ヶ崎市）というベンチャー企業が開発しています。広く普及しているマイナンバーカードで、多くの人がブロック

チェーンにつながるようになれば、NFTのユースケースはより広がっていくでしょう。

今は、一般の人に本当に役立つweb3サービスをつくる時期になってきていると感じています。わざわざNFTと言わなくても、みんながいつの間にか使っているような世界になっていくと思います。

Question アート以外のNFTの活用も広がってきています。

僕はアートも好きなので、今でも買ったりしていますが、アート以外の価値があるNFTの活用については、日本がリードしていくと思っています。今、海外はweb3の冬の時代になっていますからね。

期待しているのはゲーム分野です。今まで実験的に進めていた大手ゲームメーカーが本腰を入れています。大手ゲーム会社のほとんどが、何かしらのNFTプロジェクトを本気でやっている状況です。

投機的にNFTが盛り上がっていた頃は、ゲーマーたちはweb3から距離を置いていました。それが収まってきている今は、自然とNFTがゲームの中に入ってきつつあります。今後は、ブロックチェーンの特性を生かして、ゲーム同士がつながりやすくなっていくはずです。

Question ブロックチェーンも増えています。今後どうなるのでしょうか。

イーサリアムのEVM（イーサリアム仮想マシン）互換ではないブロックチェーンは難しいですよね。今はEVMのプログラム言語が、ほぼデファクトスタンダードなので、イーサリアムが主流になっていくと思います。その大きな理由は、EVMのエンジニアの数が圧倒的に多いか

らです。セキュリティーやスケーラビリティーを改善しようと、日々努力している人がたくさんいます。

　ただ、ガス代（ブロックチェーンの手数料）がイーサリアムは高いので、ガス代の安いイーサリアムのレイヤー2と呼ばれるチェーンが、今は一番確実かもしれません。

■　千葉工業大学では学位証明書を発行

Question 自身が学長を務める千葉工業大学では、学位証明書をNFTで発行して話題となりました。

　これまでは、学位を証明するには、大学が中央集権的に管理する必要がありました。学位証明書が欲しいとなったら大学から取り寄せなければなりません。しかし、NFTならば自分のウォレットに入れて、自分で管理できます。このNFTは、Verifiable Credentials（VC：デジタル上で資格が有効なものかを検証可能な個人情報）の規格に準じていて、その有効性が保証されています。こうしたNFTとVCを組み合わせたアーキテクチャーは、今後広がっていくでしょう。

Question 2023年春、千葉工業大学では、学生と一般社会人に向けた「web3概論」を開講しました。

　250人以上の受講生が参加し、終了後のアンケートでもポジティブな意見が多かったです。

　様々なweb3のツールを使って、NFTやお金に換算できないトークンをインセンティブとして配布したのですが、このコンビネーションに大き

な可能性を感じました。誰かの質問に対して答えてあげるとトークンがもらえるという仕組みにしたところ、すごく効果的だったのです。これがお金を直接配ってしまうと、どこか健全ではなくなる気がしますよね。

普通の講義では、質問する方は、迷惑にならないかとちょっとちゅうちょします。ただ今回は、トークンというインセンティブがあることで、答える方も質問を欲しがるし、質問する方も安心して質問できます。心理的安全性が担保できて、学びが進むという面白い状況になりました。次は、web3に関連のない授業でも試してみたいと思っています。

自ら責任を持ってコミュニティーを仕切るような体験が学べるという点では、ベンチャー企業の育成ツールにも有効なのではないかと考えています。

千葉工業大学の学位証明書

NFTに機能を持たせることで、さらに使いやすくなる

Question NFT活用で大企業の動きも目立っています。活用のポイントは何でしょうか。

例えば、炭素トークンといった環境系やサプライチェーンの管理、不動産の証券化といったものにNFTを使うのは、ベンチャーではできない、大企業ならではの活用方法でしょう。

　政府がweb3を国家戦略すると発表したこともあり、多くの大企業が、web3を推進する部署を立ち上げています。そうした事業部単位では、今でも地道に事業開発をやっていて、僕も毎日のように話をしているところです。24年あたり、いろいろ表に出てくるのではないかと予想しています。

　市区町村などの行政がNFTを活用する事例も増えています。web3がいいのは、誰かがやったことを横展開するのが、とても簡単なところです。行政の課題はどこも似ていて、リソースもあまりない場合が多いので、NFTの活用はすごく向いていると思います。

Question デジタルガレージグループでは、ファンドを通じて、web3企業にも投資しています。

　今、web3企業に積極的に投資しています。最近は、web3へ注目も下がっているので、いい会社に比較的安価なバリュエーションで投資できるケースがあります。みんな、静かに真面目にコツコツとプロダクトをつくっています。

Question 今後、一般の人にNFTはどのように浸透していくと思いますか。

　おそらく、NFTを保存するためのウォレットを感じさせないユースケースが広がっていくと思います。最初は、ウォレットをつくったとい

う認識をさせずに、後で、あなたのウォレットはもっと便利に使えますよ、と教えてもらえるというようなイメージです。

　いつの間にかウォレットを複数持っているかもしれませんが、次第に自分の使いやすいものが一つに決まっていくのではないでしょうか。メールアドレスも、昔はいくつも持っている人も多かったのが、今はメインの一つに集約されていますよね。それと同じです。

　ただインターネットの場合、メールのプロトコルなどの規格を最初に決めていたので、スムーズに進められましたが、web3では、ブロックチェーンのインフラ周りが競争していて、まだ規格が決まっていません。サービスをつくる側からすると少し大変なのですが、ここが決まってしまえば、進みは早いと思います。

Question 将来的にNFTはどのようになっていくと考えますか。

　NFTは今、単純な使い方しかされていません。NFTは、プログラムを格納できるパッケージだと考えるといいでしょう。もっとブロックチェーンを利用するコストが安くなって、処理速度も速くなり、拡張性が高まれば、NFTの中に様々な機能が追加できるようになるはずです。

　例えば、NFTをメンバーシップカードとして使いつつ、その中に個人の情報を記録していくといったことができるようになってきています。さらにはAI（人工知能）と融合して、様々な解析にも使われるようになるでしょう。NFTは、さらに使いやすくなっていくはずです。

（写真／吾妻 拓）Ⓢ

おわりに

　インターネットを使うことが特別でなくなったように、NFTも、誰もが当たり前に使う世界が来る——。今回の取材を通して、私はその確信を得ました。

　投機的なNFTバブルが弾け、NFTへの懐疑的なムードが広がる中でも、これだけ多くの人がNFTで新たなビジネスを立ち上げようと日々奮闘していたのです。NFTは終わったのではありません。本当の始まりは、これからなのです。

　では、NFTとはいったいなんなのでしょうか。デジタルコンテンツを資産化し、簡単に移動ができるもの。さらにはプログラミングを通して様々な機能を持たせられるもの。個人的には、このように理解しているのですが、その可能性は無限大です。取材すればするほど、NFTがなんなのか分からなくなる感覚に陥りました。

「まだ本当に成功したNFTのユースケースはない」

　取材時に、何人かの方がこのように語っていました。

　NFTが社会をより便利にするのは間違いありませんが、では、NFTが一気に広がるユースケースとはなんなのでしょうか。それをつくるのは、もしかしたら、あなたかもしれません。この事例集が、何かのヒントになれば幸いです。

　私はしがないフリーランスライターでありますが、今回、このような素晴らしい機会をくださった吾妻拓氏に感謝いたします。経験の足りな

い私をサポートしてくれ、ライターとしての深い学びを得ることができました。そして、編集をサポートしてくれた松野紗梨氏にも、とても助けられました。ありがとうございました。

　また、本書を書くにあたり、快く取材を受けていただいた各企業の皆様、有識者の皆様に感謝申し上げます。刺激的なお話をたくさん伺い、読者の皆様にお届けすることができました。

　さらには、本書を作るにあたって関係していただいた、日経BPをはじめとした制作の皆様に感謝いたします。

　最後に、取材やら執筆やらで必死だった私を日々サポートしてくれた、妻と娘に感謝したいと思います。

　ありがとうございました。

フリーランスライター　橋本史郎

私はデジタル関連のトレンドを取材することが多かった記者の一人です。新しい技術が人々のライフスタイル変え、企業のビジネスモデルを変えていく様を取材するのは、本当に「わくわく」します。この仕事をしていて良かったと思える瞬間なのです。

　私がNFTに注目し始めたのは、多くの読者の皆さんと同じ2021年。米国でNFTのデジタルアートが高額で売れているというニュースに接したときでした。取材を始めてみると、デジタルアートを手がけていたアーティストたちが、「ようやくデジタル作品が評価される時代になった」と目を輝かせていました。当時はアート作品が高額で売れたため投機的な側面ばかりが目立ちましたが、デジタル作品の流通は大きく変わるのだろうと確信したのです。

　そして、本書の冒頭でも書いた通り、いまNFTはビジネスでの活用が大きく動き出しています。デジタルアート作品が売られなくなったわけではありません。NFTでデジタルアイテムを販売するだけではなく、その優れた機能・技術に注目してビジネス活用を模索する動きが拡大しているのです。

　それは私が当初想像した以上でした。とても数カ月の取材ではカバーしきれないほどです。こうした取り組みの中から、大きな成功事例がでてくるのは時間の問題だと思います。

　NFT関連のビジネスに取り組む皆さんの熱量は、私がデジタルコンテンツの取材に興味を持った音楽や映像配信の創成期と似ているように思います。異業種、スタートアップも含め、多くのプレーヤーが参入して新たなサービスを始めたことで、古くからのビジネスモデルが少しずつ変わっていきました。20年ほど前、3分の長さの音楽を聴くのに6分

間のダウンロード時間を要していた音楽配信は、今や世界中で音楽CD
に取って代わる存在になっています。

　NFT・Web3でも多くのスタートアップが、先を争うように新たな取
り組みを始めています。こうしたスタートアップは大企業とも組み、新
たなビジネスを動かし始めています。本書に向けた日々の取材も毎日が
「わくわく」。様々な壁にぶつかりながら新たな事業モデルを生み出そう
と試行錯誤する担当者の話は、驚きと感心の連続でした。まだまだ取材
したい取り組みがありますが、その続きは、今後日経クロストレンドに
掲載していきたいと思います。

　本書の執筆に当たり、取材に協力していただいた皆さん、本当にあり
がとうございました。

　一緒に取材をしてくれた橋本史郎さん、編集に協力してくれた元日経
クロストレンドの松野紗梨さん、制作スタッフの皆さん、助けていただ
きありがとうございました。執筆期間中サポートしてくれた家族にも感
謝します。

　そして読者の皆さん、最後まで読んでいただきありがとうございまし
た。本書が少しでも、皆さんのお役に立てれば幸いです。

吾妻　拓（日経クロストレンド編集委員）

著者略歴

吾妻 拓 （あがつま たく）
日経クロストレンド編集委員
日経クロストレンド 創刊編集長。1996年日経BPに入社。雑誌編集部を経て2005年に
日本経済新聞社記者。日経電子版の開発にも関わる。日経DUALプロデューサー、日経ト
レンディネット編集長、NIKKEI STYLE　MONOTRENDY編集長のあと、18年4月
に日経クロストレンドを創刊、編集長をつとめる。21年4月から現職。日経MJに「吾妻
拓の『デジタル新風』」（月1）を連載中。明治大学政治経済学部卒。

橋本史郎 （はしもと しろう）
フリーランスライター
2001年より、フリーランスのウェブエンジニアとして活動。05年、株式会社ゼロワン
ディグリーを設立し法人化する。16年よりライター活動を開始し、「日経ビッグデータ」
にてAIやビッグデータに関連する記事の執筆を担当する。その後「日経クロストレンド」
においてもテクノロジー系の記事を多く手掛ける。ブロックチェーンとの出会いは16年
末頃。Web3関連の取材も多数こなす。

日経クロストレンド
「マーケティングがわかる　消費が見える」を編集コンセプトとするオンラインビジネスメディア。顧客相
手のビジネスを展開している限り、携わるすべての人が「マーケター」です。顧客に寄り添い、課題を解
決するヒントを探るべく、日経クロストレンドではマーケターのためのデジタル戦略、消費者分析、未来
予測など、多彩なテーマの記事を平日毎日お届けします。また、第一線で活躍するマーケターを招いた各
種セミナーイベントも定期的に開催。あらゆるマーケティング活動やイノベーション活動を支援します。
https://xtrend.nikkei.com/

いま **NFT**で できること

2023年12月25日　第1版第1刷発行

　著　者　吾妻 拓（日経クロストレンド）
　　　　　橋本史郎
　発行者　佐藤央明
　編　集　吾妻 拓（日経クロストレンド）
　　　　　松野紗梨
　発　行　株式会社日経BP
　発　売　株式会社日経BPマーケティング
　　　　　〒105-8308　東京都港区虎ノ門4-3-12
　　　　　https://bookplus.nikkei.com/
　装　丁　小口翔平＋村上佑佳（tobufune）
　制　作　關根和彦（QuomodoDESIGN）
印刷・製本　大日本印刷株式会社

ISBN978-4-296-20402-1
Printed in Japan
©Nikkei Business Publications,Inc., Shiro Hashimoto 2023